Finanças Públicas

Mais de 110 questões comentadas

Preencha a **ficha de cadastro** no final deste livro
e receba gratuitamente informações
sobre os lançamentos e as promoções da Elsevier.

Consulte também nosso catálogo completo,
últimos lançamentos e serviços exclusivos no *site*
www.elsevier.com.br

SÉRIE QUESTÕES

Finanças Públicas

Mais de 110 questões comentadas

2ª edição

Marlos Vargas Ferreira

ELSEVIER

CAMPUS
CONCURSOS

© 2010, Elsevier Editora Ltda.

Todos os direitos reservados e protegidos pela Lei nº 9.610, de 19/02/1998.

Nenhuma parte deste livro, sem autorização prévia por escrito da editora, poderá ser reproduzida ou transmitida sejam quais forem os meios empregados: eletrônicos, mecânicos, fotográficos, gravação ou quaisquer outros.

Copidesque: Adriana Araújo Kramer
Revisão Gráfica: Irênio Silveira Chaves
Editoração Eletrônica: SBNigri Artes e Textos Ltda.

Coordenador da Série: Sylvio Motta

Elsevier Editora Ltda.
Conhecimento sem Fronteiras
Rua Sete de Setembro, 111 – 16º andar
20050-006 – Centro – Rio de Janeiro – RJ – Brasil

Rua Quintana, 753 – 8º andar
04569-011 – Brooklin – São Paulo – SP – Brasil

Serviço de Atendimento ao Cliente
0800-0265340
sac@elsevier.com.br

ISBN: 978-85-352-3941-6

Nota: Muito zelo e técnica foram empregados na edição desta obra. No entanto, podem ocorrer erros de digitação, impressão ou dúvida conceitual. Em qualquer das hipóteses, solicitamos a comunicação ao nosso Serviço de Atendimento ao Cliente, para que possamos esclarecer ou encaminhar a questão.
Nem a editora nem o autor assumem qualquer responsabilidade por eventuais danos ou perdas a pessoas ou bens, originados do uso desta publicação.

CIP-Brasil. Catalogação-na-fonte.
Sindicato Nacional dos Editores de Livros, RJ

F442f
2.ed.
    Ferreira, Marlos Vargas
    Finanças públicas: 120 questões comentadas / Marlos Vargas Ferreira. – 2. ed. – Rio de Janeiro: Elsevier, 2010.
    176 p – (questões)

    ISBN: 978-85-352-3941-6

    1. Finanças públicas – Brasil – Problemas, questões, exercícios. 2. Serviço público – Brasil – concursos. I. Título. II. Título: Cento e vinte questões comentadas. III. Série.

10-2684.
                                                        CDD: 336.81
                                                        CDU: 351.72(81)

Dedicatória

Dedico esta obra a pessoas singulares que Deus colocou
na minha vida e que me forneceram os elementos
para ser uma pessoa justa e íntegra, sempre
recobertos de amor e sabedoria.
A vocês, papai e mamãe.
Serenidade para aceitar o que não se pode mudar,
coragem para mudar aquilo que se pode e
se faz necessário e, principalmente,
sabedoria para notar a diferença...

O Autor

Marlos Vargas Ferreira é mestre em Economia pela Universidade Federal Fluminense (ênfase em Economia Monetária), graduado em Ciências Econômicas pela Universidade Federal de Juiz de Fora (UFJF). É servidor da Receita Federal do Brasil, na carreira de Auditoria, cargo Auditor-Fiscal da Receita Federal do Brasil, desde 2003. É também instrutor da Escola de Administração Fazendária (Esaf). Leciona na área de concursos públicos há seis anos, ministrando aulas em Brasília, Goiânia, Rio de Janeiro, Juiz de Fora e Belo Horizonte. É autor de alguns artigos em revistas especializadas e dos livros *Economia para Concursos, Finanças Públicas para Concursos* (ambos pela Série Provas e Concursos), *Economia – Questões do Cespe/Unb* e *Finanças Públicas* (ambos pela Série Questões), todos publicados pela Campus/Elsevier.

Apresentação

Olá, amigos concurseiros de todo este país continental!

Trazemos aos leitores neste momento a nova edição da obra *Finanças Públicas – Questões*, com aproximadamente 120 questões, sendo 70% delas literalmente novas e apenas 30% reproduzidas da 1ª edição já conhecida.

Sobre as questões novas, cabe repisar que foram criteriosamente escolhidas e lidam preferencialmente com os mais diversos concursos dos anos mais recentes, não cobertos, obviamente, na 1ª edição, isto é, questões dos anos de 2007, 2008 e 2009. São exercícios da Escola de Administração Fazendária (Esaf), do Centro de Seleção da Universidade Nacional de Brasília (Cespe/UnB), da Fundação Getúlio Vargas (FGV), do Núcleo de Computação Eletrônica, da Universidade Federal do Rio de Janeiro (NCE/UFRJ), da Fundação Carlos Chagas (FCC), da Fundação para a Universidade Estadual Paulista (Vunesp), algumas questões inéditas de treinamentos avançados aplicados em alguns cursinhos preparatórios em Belo Horizonte no ano de 2009.

Sobre as questões do livro da 1ª edição, cabe registrar que foram selecionadas somente aquelas mais difíceis ou mais prováveis de aparecerem nos próximos certames. São as questões "queridinhas" das bancas examinadoras.

Introduzimos também nesta edição o tema que, invariavelmente, tem tido boa receptividade recente pelas diversas bancas examinadoras: Teoria da Regulação dos Mercados.

O estudo da disciplina de Finanças Públicas através de questões comentadas selecionadas é também de grande valor e envergadura para os candidatos que se preparam para provas discursivas com dissertação ou questões sobre a respectiva disciplina.

Não vou me alongar mais, indicando, a seguir, a formatação desta obra:

Capítulo da obra	Número de questões novas	Número de questões do livro antigo (1ª edição)	Total de questões
Capítulo 1: Os princípios teóricos de tributação. Parceria Público-Privada (PPP). Regulação: o estado regulador e defesa da livre concorrência. A criação das agências reguladoras. Regulação: teoria econômica da captura, teoria do agente principal e condicionantes políticos da regulação. Defesa da concorrência: análise de mercado, práticas desleais, posição dominante, infrações à ordem econômica, cartel, monopólio, truste, práticas restritivas, oligopólio.	18	03	21
Capítulo 2: Bens públicos, externalidades, falhas de mercado. Bens públicos, semipúblicos e privados. Funções do setor público. Governo.	11	07	18
Capítulo 3: Impostos, taxas, contribuições fiscais e parafiscais: definições. Tipos de impostos: progressivos, regressivos, proporcionais. Diretos e indiretos. Impactos sobre o consumidor e a indústria de cada tipo de imposto. Carga fiscal: progressiva, regressiva e neutra. Carga ótima. Efeitos da inflação e do crescimento econômico nos tributos. Efeitos da ausência ou do excesso de cobrança do imposto.	19	09	28

Capítulo 4: Receita e despesa públicas. Classificação da receita orçamentária. Ajuste fiscal. Déficit público: resultado nominal, operacional e primário. Necessidades de financiamento do setor público.	15	06	21
Capítulo 5: Lei de Responsabilidade Fiscal (LRF).	07	05	12
Capítulo 6: Sistema tributário nacional. Finanças públicas brasileiras. Reforma tributária.	14	05	19
Total das questões	84	35	119

A obra procura atender ao público que esteja se preparando para os diversos concursos na área fiscal, gestorial e financeira, como provas para: Receita Federal do Brasil (RFB), os diversos fiscos estaduais, como ICMS-RJ, ICMS-RS, ICMS-AC, ICMS-MG, fiscos municipais, Secretaria do Tesouro Nacional (STN), Ministério do Planejamento, Orçamento e Gestão (MPOG), Banco Central do Brasil (BC), Banco Nacional de Desenvolvimento Econômico e Social (BNDES), Financiadora de Estudos e Projetos (Finep), Instituto Brasileiro de Geografia e Estatística (IBGE), Instituto de Pesquisa e Economia Aplicada (Ipea) e diversas secretarias estaduais de gestão e planejamento.

São mais de 100 questões, divididas nos diferentes tópicos exigidos nos mais diversos certames, projetadas para proporcionar uma leitura fácil, agradável, que lhe ajudará a eliminar aquele "friozinho".

Não queremos sinalizar com isso que a obra contém todos os assuntos a serem cobrados na prova. Ela conterá os assuntos que têm mais "probabilidade de cair", baseado na exigência e nos requisitos do cargo e da carreira, no perfil da banca em provas passadas e, principalmente, no *"feeling"* acumulado ao longo dos anos.

Fica aqui registrado meus votos de sucesso na carreira escolhida e o firme desejo de que o livro em comento possa ajudá-los na busca de um cargo no serviço público federal, estadual ou municipal.

Bons estudos e fiquem com Deus!

Marlos Vargas Ferreira

Lista dos Concursos Utilizados

Cesgranrio/Petrobras/Auditor-2009

Cespe/UnB-Antaq-2009

Cespe/UnB-Seger-ES-2008

Cespe/UnB/Economista/Ministério dos Esportes/2008

Esaf/APO/MPOG/2010

Esaf/Especialista/MPOG/2009

Esaf-APO/SP/2009

Esaf/Especialista/MPOG/2008

Esaf/AFC/STN/2008

Esaf/APO-MPOG/2008

Esaf/Analista Contábil/Sefaz/CE/2006/2007

Esaf/AFC/CGU-2006

Esaf/APO-2005

Esaf/AFRF-2005

Esaf/AFC/STN/2005

Esaf/AFC/CGU-2004

Esaf/AFRF-2003

Esaf/Gestor Governamntal – 2002

Esaf-AFCE-TCU-2002

Esaf/Sefa-PA-2002

Esaf/AFRF-2002

Esaf/AFC-SFC-2002

FCC – TRE-Paraíba-2007

FCC/Auditor/TCE-AM/2007

FCC – TCE-MG-2005

FCC – ICMS-SP – 2006

FGV/Auditor/Amapá/2010

FGV/Fiscal/Amapá/2010

FGV/ICMS-RJ/2009

FGV/ICMS-RJ/2008

FGV-Analista em gestão administrativa-Secretaria do Estado de Pernambuco/2008

Fundatec-CEEE-2008

Fundatec-Sulgas-2008

Fundatec-Emater-RS-2008

NCE/UFRJ –Ministério das Cidades – 2005

NCE/UFRJ-Regulação/ANTT-2008

Vunesp/BNDES-2002

Vunesp/CMSP-2007

Sumário

Capítulo 1	Os princípios teóricos de tributação. Parceria Público-Privada (PPP). Regulação. A criação das agências reguladoras. Regulação. Defesa da concorrência 1	
Capítulo 2	Bens públicos, externalidades, falhas de mercado. Bens públicos, semipúblicos e privados. Funções do setor público. Governo 33	
Capítulo 3	Impostos, taxas, contribuições fiscais e parafiscais. Tipos de impostos. Diretos e indiretos. Impactos sobre o consumidor e a indústria de cada tipo de imposto. Carga fiscal. Carga ótima. Efeitos da inflação e do crescimento econômico nos tributos. Efeitos da ausência ou do excesso de cobrança do imposto 51	
Capítulo 4	Receita e despesa públicas. Classificação da receita orçamentária. Ajuste fiscal. Déficit público: resultado nominal, operacional e primário. Necessidades de financiamento do setor público 81	
Capítulo 5	Lei de Responsabilidade Fiscal (LRF) 107	
Capítulo 6	Sistema tributário nacional. Finanças públicas brasileiras. Reforma tributária 123	
Bibliografia	 151	

Capítulo

1

Os princípios teóricos de tributação. Parceria Público-Privada (PPP). Regulação. A criação das agências reguladoras. Regulação. Defesa da concorrência

• • •

1. **(Cesgranrio/Petrobras/Auditor/2009)** A Constituição Federal e o Código Tributário Nacional exigem que a aplicação da legislação tributária siga alguns princípios, principalmente para não haver cobranças abusivas, irregulares ou injustas. **O princípio da isonomia considera que:**
   a) o tributo da União deve ser igual em todo o território nacional;
   b) os tributos devem ser cobrados de acordo com a capacidade de cada um;
   c) a União, os Estados, o Distrito Federal não podem instituir impostos sobre patrimônio, renda ou serviço uns dos outros;
   d) a lei, em princípio, deve dar tratamento igualitário a contribuintes que se encontram em situações equivalentes;
   e) a compensação do tributo deve ocorrer de acordo com o montante cobrado em operações anteriores.

Comentários

A assertiva A está incorreta porque o princípio da isonomia não traduz a noção também universal de que os tributos de competência da União, como o

IR, são iguais, para cada grupo de contribuintes, independente da localização em território nacional.

A assertiva B está incorreta porque está expressamente disposto no art. 145, § 1º da Constituição Federal de 1988:

> Sempre que possível, os impostos terão caráter pessoal e serão graduados segundo a capacidade econômica do contribuinte [...]

A norma constitucional é clara. De forma técnica, ela prevê que quem, em termos econômicos, possui mais deve pagar, proporcionalmente, mais imposto do que quem tem pouco. Entretanto, para que tal assertiva seja devidamente cumprida, o princípio da capacidade contributiva remete-nos à ideia de progressividade. Ora, nada mais justo e preciso para atender ao princípio da capacidade contributiva do que fazer com que aqueles que têm mais paguem impostos com alíquotas progressivamente maiores do que aqueles que têm menos, de forma que seu sacrifício econômico seja proporcionalmente maior.

O princípio da capacidade contributiva representa uma concepção alternativa ao princípio do benefício segundo o qual se deve tributar os indivíduos em razão de sua capacidade de suportar o ônus tributário. Evidentemente, esse princípio também é compatível com a equidade horizontal e vertical e, ao mesmo tempo, rompe o vínculo entre a política tributária e a de gastos públicos. Contudo, cabe repisar que a assertiva B guarda relação bem próxima com a assertiva D, que é o gabarito da questão. Mas, analisemos conforme a banca, ok?

A assertiva C está incorreta porque o art. 150, inciso VI do CTN roga exatamente o postulado na assertiva, mas não guarda relação com o princípio da isonomia.

A assertiva D está correta porque o princípio da progressividade (art. 153, § 2º, I), no entanto, também é uma decorrência do princípio da isonomia. Está, porém, relacionado com os princípios da capacidade contributiva e da pessoalidade. Esse princípio determina a existência de diversas alíquotas para o imposto sobre a renda, de acordo com a faixa de renda do contribuinte.

Assim, o valor a ser pago a título de Imposto de Renda oscilará não somente com a variação da base de cálculo, mas também com a variação da alíquota; neste caso, a correlação se faz com o critério quantitativo da regra matriz da Incidência Tributária, ou seja, quanto maior a renda do contribuinte, maior será a base de cálculo do tributo e, igualmente, maior será a alíquota sobre ela incidente.

Ao disciplinar o imposto sobre a renda e proventos de qualquer natureza, o legislador pátrio tem o dever de observar e respeitar os princípios constitucionais tributários, sem qualquer exceção. Assim, aplicam-se a ele, entre outros, os princípios da legalidade, anterioridade, irretroatividade, isonomia, impossibilidade de confisco, capacidade contributiva.

Gabarito: D

2. **(Cespe/UnB/Seger-ES/2008)** A economia do setor público analisa o papel desempenhado pelo governo nas economias de mercado. Acerca desse assunto, julgue os itens a seguir.
   a) O resultado primário do setor público é mais apropriado para avaliar a magnitude do ajuste fiscal porque ele não leva em conta os impactos da política monetária.
   b) Programas de controle da poluição ambiental e sonora nas praias do litoral brasileiro exemplificam a ação do governo para melhorar a alocação de recursos na economia.
   c) O crescimento dos gastos públicos nas economias dos países em desenvolvimento ocorrido nas últimas décadas contraria a Lei de Wagner.
   d) A existência de um imposto de renda progressivo colide com o princípio de equidade vertical, de acordo com o qual indivíduos semelhantes em todos os aspectos relevantes devem ser tributados igualmente.
   e) O ônus fiscal decorrente de impostos como o imposto sobre produtos industrializados (IPI) e o imposto sobre circulação de mercadorias e serviços (ICMS) recai mais fortemente sobre os consumidores com menores rendas e, por essa razão, são considerados regressivos.
   f) O resultado nominal do setor público corresponde ao resultado primário acrescido das receitas financeiras e das despesas de juros incorridos pela dívida pública.
   g) No Brasil, o esgotamento do modelo de Estado condutor do processo econômico e social, bem como a erosão da capacidade de prestação de serviços públicos, levou a um importante processo de privatização, no qual o Estado passou a assumir o papel de regulador da atividade econômica.

Comentários

A assertiva A está correta porque o principal objetivo do cálculo do resultado primário é avaliar a sustentabilidade da política fiscal em um dado exercício financeiro, tendo em vista o patamar atual da dívida consolidada e a capacidade de pagamento da mesma pelo setor público a longo prazo. Aqui se avalia fielmente o esforço necessário para reduzir o estoque da dívida pública e tornar seu perfil mais vigoroso e com mais credibilidade junto aos mercados financeiros internacionais.

A assertiva B está correta porque programas de controle da poluição ambiental e sonora nas praias brasileiras são exemplos de atuação do Estado para minimizar os impactos das externalidades negativas como o lixo das indústrias químicas jogado nos rios e mares e a poluição do ar pelas empresas. Dessa forma, o Estado atua através de imposição de pesadas multas e imposição de impostos à atividade produtora dessa externalidade bem como criação de agências reguladoras para que a alocação de recursos seja mais eficiente ou que a falha de mercado seja corrigida. É a dita função alocativa do Estado.

A assertiva C está incorreta porque o crescimento dos gastos públicos nas economias em desenvolvimento é justificado pela Lei de Wagner. A formação bruta de capital do setor público coloca-se como importante fator nos estágios embrionários de desenvolvimento e crescimento do país. Aqui, os investimentos do setor público são significativos frente ao investimento total, uma vez que há demandas/necessidades de infraestruturas sociais e econômicas básicas como estradas, educação, saúde, transporte, comunicações. Já nos estágios intermediários de desenvolvimento econômico e social, o setor público passa a desempenhar papel de complementação ao crescimento significativo dos investimentos no setor privado. E, finalmente, nos estágios evoluídos de desenvolvimento econômico, a relação investimentos públicos/investimentos privados volta a crescer face ao peculiar estágio de renda e suas necessidades de capital.

A assertiva D está incorreta porque a existência de um imposto de renda progressivo é compatível com o princípio da equidade vertical, segundo o qual indivíduos com capacidades de contribuição diferentes devem ser taxados de forma diferenciada, isto é, o Estado deve tratar os desiguais de forma desigual. Atende ao princípio da justiça fiscal.

A assertiva E está correta porque os tributos indiretos, que incidem sobre a produção e o consumo, isto é, sobre as vendas, como é o caso do ICMS, do IPI e do ISS, são cobrados com a mesma alíquota, independente das características pessoais do consumidor (estoque de riqueza, fluxos de renda etc). Dessa forma, esses tributos são mais regressivos porque o ônus fiscal recai em maior proporção ou magnitude nas classes mais baixas. O pedreiro paga o mesmo tributo que o megaempresário quando compra o leite no mercado, contudo, o ônus fiscal relativo para o primeiro é muito maior que o observado para o segundo agente. A carga fiscal regressiva é típica dos tributos indiretos e torna o padrão de renda mais desigual, ou seja, afeta negativamente o princípio da equidade ou justiça fiscal. Paga mais imposto aquele que efetivamente menos capacidade econômica possui. Fere o princípio da progressividade e da capacidade de contribuição.

A assertiva F está incorreta porque o resultado nominal das contas públicas corresponde ao resultado primário acrescido das receitas financeiras (receitas com juros, inflação e variação cambial) e das despesas financeiras (despesas com juros, inflação e variação cambial) incorridos sobre o estoque da dívida pública. O erro da assertiva está em mencionar apenas despesas com juros, o que caracterizaria o resultado operacional das contas públicas. Cabe, portanto, importante revisão sobre o tema:

Resultado primário das contas públicas = receitas não financeiras menos despesas não financeiras.

Resultado operacional das contas públicas = resultado primário + receitas/despesas com juros ou taxa de juros reais

Resultado nominal das contas públicas = resultado primário + receitas/despesas financeiras ou juros nominais (juros + inflação + variação cambial).

A assertiva G está correta porque o Estado produtor, interventor, produtor e consumidor, característico do pós-guerra e prevalecente até o final dos anos 70, vê seu esgotamento com o cenário adverso dos anos 80 em que se vislumbrou escassez de liquidez internacional, aumento de taxas de juros e recessão da economia norte-americana. Dessa forma, o Brasil entra nos anos 90 com um Estado totalmente falido, comprometido com uma dívida social impagável, uma dívida pública de curto prazo e com fundamentos macroeconômicos pouco sólidos e sem credibilidade. A venda da coisa pública ou a privatização dos serviços públicos aparece como possível solução para a obtenção de recursos e redução da dívida pública. Essa redução do tamanho e da capacidade de intervenção do Estado é realizada, de um lado, via privatização, que se traduz na transferência por venda ou concessão de empresas estatais à iniciativa privada e, de outro lado, através de mudanças na modalidade de gestão dos ativos públicos como opção estratégica. Trata-se, portanto, de um impacto importante da privatização. De fato, permitir a retomada de investimentos nas empresas e atividades que vierem a ser transferidas à iniciativa privada é fundamental para contribuir para a modernização do parque industrial do país, ampliando sua competitividade e reforçando a capacidade empresarial nos diversos setores da economia. A privatização também pode ter efeitos indiretos sobre o setor público na medida em que sirva como alavanca para o crescimento. A retomada do investimento com a privatização poderá permitir uma redução da relação dívida pública sobre o PIB na medida em que incremente a competição e contribua para financiar o investimento.

Surgem, então, no final dos anos 90 as agências reguladoras.

Gabarito: VVFFVFV

3. **(Esaf/Treinamento avançado/AFRFB/2009) Sobre a avaliação comparada dos diferentes sistemas tributários e das características desejáveis de um sistema tributário, assinale a assertiva correta.**
   a) A transparência é um corolário que não atende aos princípios tributários em sua concepção.
   b) A equidade horizontal permite que duas empresas de mesmo porte financeiro acabem arcando com cargas tributárias distintas.
   c) A harmonização com padrões internacionais de tributação é uma característica importante e deve ser assumida pelos modelos.
   d) Não há *trade off* entre eficiência e capacidade arrecadatória.
   e) Privilegia-se a simplicidade tributária ao elencar muitas alíquotas, inúmeras deduções e inesgotáveis contribuições e taxas.

Comentários

A assertiva A está incorreta porque o desenho de sistemas tributários deve levar em bom-tom questões de transparência. Alterações na legislação devem ter ampla publicidade, oferecendo-se esclarecimentos para as dúvidas dos contribuintes. O poder vinculado das autoridades fiscais deve impedir a negociação de débitos ou geração de facilidades para o pagamento de tributos, de forma a inibir a corrupção. Leis, regulamentos e material de divulgação devem ser acessíveis ao grande público e mantidos atualizados.

A assertiva B está incorreta porque um caso de flagrante desrespeito à equidade horizontal ocorre no uso de tributos com incidência em cascata: duas empresas de mesma capacidade financeira, em setores econômicos diferentes, podem pagar montantes muito distintos de impostos. Isso ocorre porque em cadeias produtivas muito longas (por exemplo, setores industriais sofisticados, em que cada empresa se especializa em uma fase da produção de insumos) há sucessiva incidência de impostos; já em cadeias produtivas curtas (por exemplo, prestação de serviços), o imposto incide menos vezes.

A assertiva C está correta porque, em razão dos crescentes fluxos internacionais de capital, comércio e investimentos, o país que tiver uma estrutura tributária muito diferente do padrão internacional tende a perder competitividade. Existe, por exemplo, uma tendência internacional a reduzir a tributação de imposto de renda sobre as pessoas jurídicas, para evitar a fuga de investimentos estrangeiros. Sistemas tributários que oneram as exportações reduzem a competitividade do país no comércio internacional.

A assertiva D está incorreta porque existe um dilema entre eficiência e geração de receitas. Sistemas tributários com alta capacidade de arrecadação podem estar impondo uma tributação excessiva ou lançando mão de tributo de baixa qualidade, enquanto sistemas tributários desenhados de forma a interferir o mínimo possível nas decisões dos agentes econômicos acabam gerando receitas abaixo das necessidades do governo.

A assertiva E está incorreta porque simplicidade é outro aspecto relevante. Um sistema tributário com impostos que tenham muitas alíquotas diferentes e numerosas deduções e isenções dificulta e encarece a administração fazendária, além de facilitar a evasão. Um sistema tributário simples é barato tanto no custo de arrecadação quanto no custo incorrido pelo contribuinte para cumprir suas obrigações.

Gabarito: C

4. **(Esaf/APO-SP/2009) Assinale a opção falsa com relação aos Princípios Teóricos da Tributação.**
    a) Do ponto de vista do princípio do benefício, os impostos são vistos como preços que os cidadãos pagam pelas mercadorias e serviços que adquirem por meio de seus governos, presumivelmente cobrados de acordo com os benefícios individuais direta ou indiretamente recebidos.
    b) A neutralidade, na ótica da alocação de recursos, deveria ser complementada pela equidade na repartição da carga tributária.
    c) O princípio da capacidade de pagamento sugere que os contribuintes devem arcar com cargas fiscais que representem igual sacrifício de bem-estar, interpretado pelas perdas de satisfação no setor privado.
    d) Não existem meios práticos que permitam operacionalizar o critério do benefício, por não ser a produção pública sujeita à lei do preço.
    e) A equidade horizontal requer que indivíduos com diferentes habilidades paguem tributos em montantes diferenciados.

Comentários

A assertiva A está correta porque apresenta exatamente a definição do princípio do benefício. O tributo que mais se assemelha é o da contribuição de melhoria que decorre de valorização imobiliária proveniente de uma obra pública.

A **assertiva B está correta** porque os princípios da neutralidade ou eficiência e o da equidade ou justiça fiscal são os princípios tributários aplicados a finanças públicas.

A **assertiva C está correta** porque o princípio da capacidade de pagamento ou de contribuição elenca a proporcionalidade ou progressividade no peso do ônus fiscal ou na repartição da carga tributária.

A **assertiva D está correta** porque o critério do benefício é justificável, mas é impossível de se aplicar na prática, pois ele versa que indivíduos que se beneficiam mais de políticas distributivas através dos subsídios ou programas sociais, por exemplo, deveriam pagar mais tributos.

A **assertiva E está incorreta** porque a equidade vertical requer que indivíduos com diferentes habilidades paguem tributos em montantes diferenciados. Tratar de forma desigual os desiguais.

Gabarito: E

5. **(Esaf/Treinamento avançado/AFRFB/2009)** O estudo das Finanças Públicas é de fundamental importância para o entendimento das contas públicas e a transparência de todos os atos públicos de forma que possam ser fielmente acompanhadas pela coletividade. A respeito dos princípios tributários fiscais e dos bens públicos, assinale a assertiva correta.

   a) O princípio da progressividade é compatível com o princípio da neutralidade ou da eficiência, pois demonstra que aumentos de impostos para cidadãos mais aquinhoados, apesar de tornar a economia menos equânime, distribui melhor a renda (função redistributiva) e torna a mesma mais eficiente.

   b) O princípio da neutralidade ou da eficiência é compatível com os impostos indiretos, cobrados sobre a produção e o consumo, ao passo que os impostos diretos são compatíveis com o princípio da equidade, critérios equidade horizontal e vertical.

   c) Bens públicos puros ou perfeitos são aqueles que atendem aos princípios da não exclusão e da não rivalidade, e o Estado tem como função provê-los (função estabilizadora ou distributiva).

   d) O princípio da capacidade de contribuição ou capacidade econômica fere os postulados da carga fiscal justa porque promove que quanto maior a renda e o estoque de riqueza, menor a participação do indivíduo no ônus fiscal.

   e) O princípio do benefício é totalmente defensável na prática porque quem é mais beneficiado pelos programas governamentais deve ser mais taxado do que aqueles que são menos favorecidos por tais programas.

Comentários

A **assertiva A está incorreta** porque o princípio da progressividade é compatível com o princípio da neutralidade ou da eficiência, pois demonstra que aumento de impostos para cidadãos mais aquinhoados torna a economia mais equânime, justa, distribuindo melhor a renda (função redistributiva).

A **assertiva B está correta** porque os tributos indiretos, que incidem sobre a produção e o consumo, afetam diretamente as decisões dos empresários, dos empreendedores e dos consumidores. Afetam a eficiência do sistema tributário na medida em que se leva em conta o vetor tributário. Já os tributos diretos, que incidem sobre a renda e o patrimônio dos indivíduos, afetam o princípio da justiça fiscal ou equidade, uma vez que quanto maior a renda do patrimônio, mais tributado este deve ser. É o corolário da progressividade e da capacidade de contribuição.

A **assertiva C está incorreta** porque bens públicos puros ou perfeitos são aqueles que atendem aos princípios da não exclusão e da não rivalidade, e o Estado tem como função provê-los (função alocativa, e não estabilizadora nem distributiva). Cabe repisar que a função estabilizadora procura ajustar o nível de inflação, de emprego e estabilizar a moeda mediante instrumentos de política econômica, ao passo que a função distributiva tem o objetivo de tornar a sociedade mais homogênea em termos de fluxos de renda e estoque de riqueza, por meio de ferramentas de tributação e canais de transferência financeira.

A **assertiva D está incorreta** porque o princípio da capacidade de contribuição ou capacidade econômica é compatível com a justiça fiscal porque apregoa que quanto maior a renda e o estoque de riqueza (patrimônio), maior deve ser a participação do indivíduo no ônus fiscal.

A **assertiva E está incorreta** porque o princípio do benefício é totalmente defensável na teoria, mas esbarra na operacionalização, uma vez que os indivíduos mais beneficiados pelos programas sociais, como Bolsa Família e Bolsa Escola, são os menos aquinhoados, suas rendas são desprezíveis, assim como o patrimônio, o que impede a taxação sobre tais contribuintes. Um sistema tributário ancorado apenas no princípio (critério) do benefício seria integralmente ineficiente, sinalizando a necessidade de se recorrer a outro instrumento que possa tornar o sistema tributário mais eficiente e justo. Esse ferramental seria o princípio (critério) da capacidade de pagamento ou contribuição.

Gabarito: B

6. **(Esaf/STN/2008) No que se refere à tributação, o conceito de equidade remete à ideia de justiça social, ou seja, os indivíduos pagarão mais ou menos tributos conforme suas características. Nesse contexto, é incorreto afirmar:**
   a) o princípio do benefício defende que a carga tributária deve ser diretamente proporcional ao benefício que o agente aufere. De maneira simples, quanto maior for a utilidade atribuída ao bem público, maior será a propensão em pagar os tributos;
   b) verticalmente, os impostos podem ser progressivos quando a proporção de tributos sobre a renda aumenta à medida que a renda se eleva;
   c) a ideia de tributar segundo a capacidade de contribuição refere-se a tributar cada indivíduo de acordo com sua renda, mantendo o princípio da equidade;
   d) verticalmente, os impostos podem ser regressivos quando os contribuintes, com a mesma capacidade de pagamento, arcam com o mesmo ônus fiscal;
   e) existe equidade horizontal quando os indivíduos que possuem a mesma renda pagam a mesma quantidade de tributos. Por sua vez, existe equidade vertical quando quem ganha mais paga mais.

Comentários

A assertiva A está correta porque o princípio do benefício argumenta que a carga tributária deve ser proporcional ao benefício obtido pelo contribuinte. Dessa forma, a operacionalização do benefício se daria na relação direta entre imposto pago e benefício recebido. A Contribuição de Melhoria seria, portanto, talvez o único tributo que espelha a princípio do benefício porque o fato gerador da contribuição reside exatamente na valorização imobiliária decorrente de uma obra pública.

A assertiva B está correta porque, pelo princípio da equidade vertical, os impostos podem ser progressivos quando a proporção dos tributos aumenta à medida que a renda cresce.

A assertiva C está correta porque a capacidade de pagamento ou contribuição se refere à tributação de acordo com o estoque de riqueza e fluxo de rendas do contribuinte. É a ideia de progressividade.

A assertiva D está incorreta porque, verticalmente, os impostos podem ser regressivos quando os contribuintes com maior capacidade de pagamento ou contribuição arcam com menor ônus fiscal. Ou da mesma forma, contribuintes com menor capacidade de pagamento arcam com maior peso fiscal.

A assertiva E está correta porque existe equidade horizontal quando contribuintes com mesma capacidade de pagamento arcam com a mesma quantidade de tributos. Por sua vez, existe equidade vertical quando contribuintes com capacidades de pagamentos diferentes arcam com quantidade de tributos diferenciados.

Gabarito: D.

7. **(Esaf/Curso de formação/2008) Acerca do conceito de regulação, ARAGÃO (2000) define como a integração de diversas funções do Estado para agir sobre as atividades econômicas, o que envolve três poderes a estas inerentes: o de editar regras, o de assegurar sua aplicação e o de reprimir as infrações. A regulação, para o autor, é definida como um conjunto de medidas pelas quais o Estado, de maneira restritiva da liberdade privada ou meramente indutiva, controla ou influencia o comportamento dos agentes econômicos, orientando o mercado em direções socialmente desejáveis. A política regulatória abrange três dimensões: a regulação econômica, que se dá pela intervenção direta nas decisões de setores econômicos com a finalidade de facilitar, limitar ou intensificar os mercados pela correção de suas imperfeições, incluindo formação de preços, entrada e saída do mercado; a regulação social, que expressa a intervenção no fornecimento de bens públicos, definindo padrões e mecanismos de oferta; e a regulação administrativa, que engloba a intervenção nas ferramentas burocráticas e nos procedimentos adotados pela Administração em sua relação com os administrados, buscando a transparência dos processos. Mas é a regulação econômica que tem sido a motivação maior da atuação reguladora em função do crescente descontentamento dos consumidores frente à proteção de contratos e provisão de bens públicos. Assinale a assertiva correta.**
    a) Marco regulatório é dispensável no novo modelo de Estado regulador, cabendo apenas certa imposição de multas ou tributos além do controle das externalidades.
    b) A mudança de enfoque do Estado produtor para o Estado regulador fez surgir as agências reguladoras, isto é, a redefinição do papel do Estado na esfera econômica com o advento das agências como instrumentos mais sensíveis a interesses políticos e com compromisso com os programas governamentais.
    c) As agências reguladoras surgem no contexto da economia nacional logo após a Constituição Federal de 1988.
    d) As agências concebidas como agentes do Estado têm autonomia em relação aos governos. As suas características principais são a independência administrativa e financeira e a sua autonomia para implementar políticas do Executivo e do Legislativo.
    e) Com as agências reguladoras, certos requisitos passam a ser observados e fielmente cumpridos: autorização de funcionamento, exigência de reservas e garantias, mas não há definição e limitação de carências, e os reajustes de preços não são monitorados.

Comentários

A assertiva A está incorreta porque marco regulatório vem a ser o conjunto de leis, decretos e/ou normas necessárias para a definição de regras e parâmetros que norteiem o padrão de eficiência e metas a serem alcançadas em diversos setores públicos fundamentais, com importante reflexo nas tarifas finais e no acesso aos serviços públicos, por meio de outorgas. A efetivação de contratos de concessões só deverá ser realizada após o estabelecimento desse marco regulatório.

A assertiva B está incorreta porque a mudança de enfoque do Estado produtor para o Estado regulador fez surgir as agências reguladoras, isto é, a redefinição do papel do Estado na esfera econômica com o advento das agências como instrumentos menos sensíveis a interesses políticos e sem o compromisso com os programas governamentais, criando um ambiente potencialmente seguro para investimentos diretos, satisfação dos clientes desses serviços públicos, geração de postos de trabalho e crescimento da atividade/renda da economia.

A assertiva C está incorreta porque foi necessário mais de uma década de longas discussões e negociações entre os principais agentes do mercado, após a promulgação da Constituição Federal de 1988, para formalizar os marcos da regulação dos diversos mercados no Brasil como o de saúde suplementar, o de energia elétrica, telecomunicações, vigilância sanitária, petróleo e derivados.

As agências reguladoras no Brasil foram criadas por leis esparsas, não existindo uma lei específica para o aparato das agências. Constituem mais uma figura da reforma administrativa do Direito brasileiro.

As agências reguladoras foram instituídas em nível federal como em plano estadual, nada impedindo sua formatação também em nível municipal, em razão da organização político-administrativa que compõe a federação brasileira. No quadro a seguir, veremos as agências reguladoras em nível federal presentes no cenário atual.

Agência Reguladora	Sigla	Lei de criação
Agência Nacional de Energia Elétrica	Aneel	Lei nº 9.427, de 1996
Agência Nacional de Telecomunicações	Anatel	Lei nº 9.472, de 1997
Agência Nacional do Petróleo	ANP	Lei nº 9.478, de 1997
Agência Nacional de Vigilância Sanitária	Anvisa	Lei nº 9.782, de 1999
Agência Nacional de Saúde Suplementar	ANS	Lei nº 9.961, de 2000
Agência Nacional das Águas	ANA	Lei nº 9.984, de 2000
Agência Nacional de Transportes Terrestres	ANTT	Lei nº 10.223, de 2001
Agência Nacional de Transportes Aquáticos	Antaq	Lei nº 10.223, de 2001
Agência Nacional de Cinema	Ancine	MP nº 2.228, de 2001
Agência Nacional de Aviação Civil	Anac	Lei nº 11.182, de 2005

A assertiva D está correta porque as agências reguladoras apresentam, nos termos da lei, por finalidade institucional, promover a defesa do interesse público nas relações entre o governo, sociedade e o respectivo setor econômico, regulando as operadoras setoriais, inclusive quanto às suas relações com prestadores e consumidores, contribuindo para o desenvolvimento das ações do setor no país. São independentes e têm autonomia.

A assertiva E está incorreta porque, antes da regulamentação as operadoras eram organizadas livremente, submetendo-se à legislação do tipo societário escolhido. Com o advento da regulamentação, passam a ter de cumprir requisitos essenciais: autorização de funcionamento, regras de operação padronizadas, exigência de reservas e garantias financeiras e estão sujeitas aos processos de intervenção e liquidação. Anteriormente à regulamentação, era visível a livre definição de cobertura, seleção de risco, livre exclusão de usuários e rompimento de contratos, livre definição de carências e de reajuste de preços. Com as agências, torna-se proibida a seleção de risco e rescisão unilateral de contratos, há definição e limitação das carências e os reajustes de preços passam a ser monitorados.

Gabarito: D

8. **(Esaf/Curso de formação/2008) Sobre os objetivos potenciais do regulador no processo de regulação de mercados propriamente dito, assinale a opção incorreta.**
   a) Eliminar competição.
   b) Preços baixos para os consumidores.
   c) Gerar inovação tecnológica de produtos e processos.
   d) Aceitação pública das decisões regulatórias.
   e) Continuidade e generalidade no atendimento aos consumidores.

Comentários

Müller (1997) apresenta alguns objetivos potenciais do regulador no processo de regulação:

1. Preços baixos para os consumidores; 2. Permitir uma receita que permita à firma obter um lucro razoável; 3. Incentivar o desenvolvimento de infra-estrutura; 4. Atendimento a todos os consumidores (alcance do serviço); 5. Eficiência econômica; 6. Gerar um ritmo rápido de inovação tecnológica; 7. Assegurar serviço confiável e sem quedas; 8. Providenciar um processo regulatório estável; 9. Aceitação pública das decisões regulatórias; 10. Fomentar competição.

Gabarito: A

9. (Esaf/Curso de formação/2008) Os agentes da economia (consumidores, famílias, empresas, governo e resto do mundo) constituem elementos de tomadas de decisão e ações fundamentais para o mercado como um todo. A teoria econômica principal-agente busca analisar certos tipos de relações hierárquicas que se estabelecem entre esses agentes econômicos e guarda importância crucial para o estudo da regulação dos mercados. A relação principal-agente tem espaço fecundo entre paciente e médico, segurado e seguradora, dono de terra e meeiro, patroa e empregada doméstica, eleitor e eleito, passageiro e taxista. Existe um contrato explícito ou tácito entre os atores do processo, que determina a tarefa a ser executada e a remuneração recebida. Assinale a opção correta.
   a) Como as operadoras de saúde cobram um preço único, ocorre uma transferência de renda entre consumidores de baixo e alto risco.
   b) A assimetria de informação reside no fato de que a empresa tem um estímulo indireto para subdeclarar o custo de modo que a agência reguladora estabeleça um preço mais alto para seus serviços.
   c) Os consumidores dos planos de saúde estão com informações privilegiadas sobre os custos das operadoras de saúde além de poderem escolher o melhor momento para ingressarem nos planos.
   d) A assimetria de informações é uma das principais demandas do processo regulatório, mas não há efeitos sobre o bem-estar e a eficiência do sistema econômico.

Comentários

A assertiva A está correta porque a assimetria de informações implica que os vendedores de serviços desconhecem o verdadeiro e preciso risco de cada comprador. Há uma tendência de o sistema de seguros de saúde absorver os indivíduos de maior risco (seleção adversa): procura o seguro de saúde quem percebe que vai precisar mais dele. A operadora cobra, então, um prêmio mais elevado para compensar esse fato. Além disso, como cobra um preço único, ocorre uma transferência de renda entre consumidores de baixo e alto risco.

A assertiva B está incorreta porque a assimetria de informação reside no fato de que uma agência não observa o custo da empresa e não tem informação suficiente para determinar um preço que beneficie o consumidor sem falir a empresa. Esta tem um forte incentivo de sobredeclarar seu custo para que agência coloque um preço mais alto. O custo de monitoração é muito alto para ela.

A assertiva C está incorreta porque as teorias normativas da regulação destacam a insuficiência de informações dos beneficiários dos planos de saúde em relação às operadoras, pois além de não conhecerem os custos de composição do produto que adquire, dependem de sua aquisição para a sua própria existência digna, além de não poderem escolher o melhor momento de utilização do produto, não há maleabilidade na substituição de um produto por outro. Há, portanto, um poder econômico das operadoras que deve ser constantemente monitorado.

A assertiva D está incorreta porque uma das principais características dos mercados é a assimetria de informações dos agentes econômicos, que é uma das principais demandas de regulação. A regulação visa satisfazer fornecedores e consumidores em suas diversas relações, sendo extremamente precisa para a criação de regras que atenuem os impactos das informações imperfeitas. Afeta em maior ou menor escala a eficiência econômica e o bem-estar social por meio de normas e controles do Estado.

Gabarito: A

10. (Esaf/MPOG/EPPGG/2008) Considere a seguinte definição para uma conduta considerada infração à ordem econômica: "Os compradores de determinado bem ou serviço se comprometem a adquiri-lo com exclusividade de determinado vendedor (ou vice-versa), ficando assim proibidos de comercializar os bens dos rivais". Essa definição refere-se a:
   a) preços predatórios;
   b) restrições territoriais e de base de clientes;
   c) fixação de preços de revenda;
   d) acordos de exclusividade;
   e) venda casada.

Comentários

A assertiva A está incorreta porque a realização de preços predatórios consiste na prática de preços abaixo do custo variável médio, visando eliminar concorrentes para posteriormente praticar preços de monopólio.

As assertivas B e C estão incorretas porque pela Lei nº 8.884/1994 são consideradas infrações também a formação de cartel, envolvendo colusão de preços, restrição de oferta e cooperação entre empresas e divisão de mercado. Além das restrições verticais, como a imposição de restrição a distribuidores.

A assertiva D está correta e constitui a definição explícita de acordos de exclusividade.

A assertiva E está incorreta porque venda casada é todo ato em que o ofertante de determinado bem impõe para a sua venda a condição de que o comprador também adquira também um outro bem ou serviço.

Gabarito: D

11. (Esaf/STN/2008) A privatização e a abertura econômica marcam importantes mudanças implementadas na economia brasileira, especialmente nos anos 90. Caracteriza essas reformas apenas a afirmativa:

a) os impactos da abertura comercial e da privatização foram pequenos, pois a privatização não propiciou a diminuição da dívida pública brasileira e a abertura comercial se restringiu a negociações de liberalização comercial com os países do Mercosul;

b) entre as razões que justificaram as privatizações, está a diminuição da capacidade estatal em fazer os investimentos necessários à ampliação das empresas estatais e dos serviços por elas fornecidos;

c) a abertura econômica foi caracterizada por ser uma abertura parcial, já que se restringiu aos aspectos comerciais, não afetando, por exemplo, as transações relativas ao balanço de capitais;

d) após a abertura comercial, foram gerados déficits comerciais que só foram revertidos depois do Plano Real;

e) a privatização brasileira foi uma das maiores privatizações do período, tendo alcançado todas as empresas produtivas dos setores siderúrgico, de petróleo e gás, petroquímico e financeiro do governo federal.

Comentários

A assertiva A está incorreta porque os impactos da abertura comercial e da privatização foram consideráveis, tomando por base toda a década de 1990, pois reduziu a dívida pública brasileira, alongou o prazo de maturação e tornou a economia brasileira uma economia francamente aberta desde os anos Collor, dando sequência Itamar Franco, Fernando Henrique Cardoso e Lula. A pauta de exportações brasileira hoje é mais diversificada com maior valor agregado, não se restringido apenas a produtos *commodities* de menor valor agregado. A participação do Brasil no comércio internacional ainda é pequena, mas já avançou paulatinamente.

A assertiva B está correta porque a retomada do investimento com a privatização permite uma redução da relação dívida pública/PIB, mas vai além dos objetivos no campo fiscal, como resultados expressivos de política industrial, tais como reestruturação dos passivos, liberação dos preços e desregulamentação, o que permite incremento da taxa de investimento doméstica.

A assertiva C está incorreta porque a abertura econômica que teve início nos anos Collor foi caracterizada por uma abertura total e irrestrita, não se restringido aos aspectos comerciais, mas afetando, sobretudo, as contas do balanço de capitais como os investimentos diretos, os capitais de curto prazo, os financiamentos. A abertura foi tão rápida e desenfreada que trouxe inúmeros debates e polêmicas com o capital externo que provocou a derrocada de muitas empresas de setores produtivos relevantes como o têxtil e de brinquedos ao mesmo tempo em que ocasionou compulsoriamente maior eficiência na gestão das empresas nacionais que permaneceram no mercado.

A assertiva D está incorreta porque após a abertura comercial já consolidada com FHC, ou seja, com a introdução da URV e depois o Plano Real (julho de 1994), sucessivos déficits comerciais surgiram em função da âncora cambial (sobrevalorização da moeda nacional), que combateu a espiral inflacionária, através da introdução maciça de produtos estrangeiros de qualidade similar e com preços bem mais baixos. Contudo, os déficits comerciais não foram revertidos após o Plano Real, como expõe a assertiva.

A assertiva E está incorreta porque a privatização brasileira não foi uma das maiores do período e não alcançou todas as empresas produtivas, como é o caso das empresas financeiras do governo federal (Caixa Econômica Federal e Banco do Brasil) além de petróleo e gás (Petrobras), para citar as mais conhecidas.

Gabarito: B

12. **(Esaf/STN/2008) Quanto às privatizações conduzidas nas gestões Fernando Collor, Itamar Franco e Fernando Henrique Cardoso, é correto afirmar que:**
    a) houve grande interesse do capital estrangeiro nas privatizações dos setores de telecomunicações e bancário: nesses setores foram privatizadas empresas como a Embratel e Caixa Econômica Federal;
    b) durante a gestão de Fernando Collor, o Plano Nacional de Desestatização foi considerado prioritário e na sua gestão, assim como na de Itamar Franco, os principais setores privatizados são o siderúrgico, petroquímico e de fertilizantes;
    c) pode-se definir o processo de privatização brasileiro em fases, tendo-se iniciado pelas privatizações dos setores de energia e telecomunicações, já que são concessões públicas;
    d) entre as justificativas para a privatização, estão alterações tecnológicas em alguns setores os quais, a partir dessas transformações, passaram a ser considerado monopólio natural;
    e) evitou-se a privatização dos setores de petróleo e gás e petroquímico por se tratar de setores considerados estratégicos.

Comentários

A assertiva A está incorreta porque houve interesse do capital estrangeiro nas privatizações do setor de telecomunicações e bancário, contudo, empresas como a Caixa Econômica Federal e o Banco do Brasil não foram privatizadas.

A assertiva B está correta porque o Programa Nacional de Desestatização (PND), instituído no governo Collor e marco efetivo de um movimento de privatização de grandes proporções no Brasil, postula a redução da dívida e do déficit públicos como um de seus objetivos básicos, da mesma forma que a promoção da competitividade e, adicionalmente, a democratização do controle do capital das empresas brasileiras.

O pequeno volume de receita de privatização, oriunda de poucas empresas no PND, não permitiria o ajuste fiscal das contas públicas. O principal efeito fiscal viria do aumento da rentabilidade das empresas e da eficiência da economia, bem como da transferência para o setor privado da responsabilidade de investir nos setores até então ocupados pelas estatais. De fato, é interessante observar que a Lei nº 8.031, que criou o PND, não lista o ajuste fiscal como um dos objetivos do programa, que ficaria limitado àquilo que resultasse da redução dos encargos sobre a dívida abatida. Trata-se, portanto, de um impacto importante da privatização. De fato, permitir a retomada de investimentos nas empresas e atividades que vierem a ser transferidas à iniciativa privada é fundamental para contribuir para a modernização do parque industrial do país, ampliando sua competitividade e reforçando a capacidade empresarial nos diversos setores da economia.

A assertiva C está incorreta porque o processo de privatização no Brasil pode ser dividido em três fases: a) a que ocorreu ao longo dos anos 80; b) a que foi de 1990 a 1995; c) a que se iniciou em 1995.

A primeira fase correspondeu a um processo de "reprivatizações" cujo principal objetivo foi o saneamento financeiro da carteira do BNDES. Apesar de não ter havido a privatização de nenhuma das grandes empresas estatais, essa fase foi importante no que diz respeito à construção de uma mentalidade pró-privatização por parte da opinião pública.

A segunda fase iniciou-se em 1990 com o lançamento do Plano Nacional de Desestatização (PND) e privilegiou a venda de empresas tradicionalmente estatais inserida em uma estratégia geral do governo, que contemplava a promoção das chamadas " reformas de mercado" (abertura comercial, desregulamentação da economia, redução do tamanho do Estado etc).

Com a aprovação, em fevereiro de 1995, da Lei de Concessões – que teve como objetivo estabelecer regras gerais pelos quais o governo concede a terceiros o direto de explorar serviços públicos – foram lançadas as bases para a terceira fase do processo de privatização. Caracterizou-se pela privatização dos serviços públicos – com destaque para os setores de energia elétrica e telecomunicações e pela magnitude das receitas envolvidas, podendo ser considerada como a fase das "megaprivatizações" ou da venda de algumas das "joias da coroa" do Tesouro Nacional.

As assertivas D e E estão incorretas porque os sucessos da privatização na siderurgia, gás e petroquímico são provas contundentes de como a iniciativa particular administra muito melhor do que o governo na produção de bens privados, mesmo quando considerados estratégicos. Desde então, essas empresas passaram a lucrar mais e aumentar seus investimentos. Estão satisfeitos os acionistas, os empregados e os compradores de produtos. Embora os livros afirmem que a privatização dos serviços públicos ou o PND tivessem maior orientação para objetivos no campo fiscal, os resultados de cunho de política industrial foram expressivos, tais como a reestruturação dos passivos, a liberação dos preços e a desregulamentação permitiram um incremento na taxa de investimento da economia doméstica.

Gabarito: B

13. **(Esaf/APO/2005) A tributação é um instrumento pelo qual as pessoas obtêm recursos, coletivamente, para satisfazer às necessidades da sociedade. Entre os pontos básicos que se espera de um sistema de tributação, assinale a única opção incorreta.**
    a) Os tributos seriam escolhidos de forma a maximizar sua interferência no sistema de mercado, a fim de não torná-lo mais ineficiente.
    b) Os tributos devem ser universais, impostos sem distinção a indivíduos em situações similares.
    c) Cada indivíduo deveria ser taxado de acordo com a sua capacidade para pagar.
    d) O sistema de tributação deveria ser o mais justo possível.
    e) O sistema de tributação é o principal mecanismo de obtenção dos recursos públicos no sistema capitalista.

Comentários

A assertiva A está incorreta porque os tributos seriam escolhidos de forma a minimizar a interferência no sistema de mercado, a fim de não torná-lo ainda mais ineficiente.

A assertiva B está correta porque retrata o princípio da equidade – critério equidade horizontal em paralelo ao Princípio da Generalidade.

A assertiva C está correta porque retrata o Princípio da capacidade de pagamento.

A assertiva D está correta por retratar o princípio da equidade.

A opção E retrata o principal mecanismo de arrecadação de recursos públicos no sistema.

A assertiva E está correta.

Gabarito: A

14. (Esaf/AFC/SFC/2002) Com base na teoria da tributação, identifique a única opção incorreta.
   a) A eficiência de um sistema tributário refere-se aos custos que impõe aos contribuintes.
   b) A equidade de um sistema tributário diz respeito à justiça na distribuição da carga tributária entre a população.
   c) Ao considerar alterações na legislação tributária, os formuladores de políticas econômicas enfrentam um dilema entre eficiência e equidade.
   d) Segundo o princípio do benefício, é justo que as pessoas paguem impostos de acordo com o que recebem do governo.
   e) A equidade vertical afirma que os contribuintes com capacidade de pagamentos similares devem pagar a mesma quantia.

Comentários

A assertiva A está correta. Os custos que são impostos à coletividade através das distorções nos mecanismos de funcionamento e alocação de recursos caracterizam o nível de eficiência e neutralidade de um sistema tributário.

Quanto mais não neutro um sistema tributário, maior o seu grau de ineficiência e menor a atração de recursos econômicos para a dada região.

A assertiva B está correta. Sobre o princípio da equidade, já vimos exaustivamente nas questões anteriores.

A assertiva C está correta porque não é que exista um *trade-off* eficiência equidade no estudo do sistema tributário ou qualquer custo de oportunidade entre os dois princípios. Mas certamente quando ocorrem alterações na legislação tributária, significativas mudanças nos preços relativos trazem novos efeitos substituição, interferindo em maior ou menor escala nos preços relativos entre os produtos. A eficiência do sistema tributário pode ficar comprometida assim como a equidade, pois tal evento (mudança no vetor tributário) acarreta também invariavelmente efeito renda, afetando a equidade do referido sistema tributário.

A assertiva D está correta porque o princípio do benefício postula que os agentes devem pagar impostos em função do benefício que supostamente recebem dos programas governamentais. Vale realçar que, embora seja teoricamente defensável, tal princípio sofre na dificuldade de implementação em razão da impossibilidade de mensuração dos benefícios.

A assertiva E está incorreta porque a equidade vertical afirma que os contribuintes com capacidades (habilidades) de pagamentos diferentes devem receber tratamento tributário diferenciado. Contribuintes com capacidades de pagamento similares pagando a mesma quantia é o postulado da equidade horizontal.

Gabarito: E

15. **(Esaf/Sefa-PA/2002) De acordo com os princípios teóricos de tributação, indique a única opção correta.**
    a) Pelo princípio da equidade, os tributos são utilizados na correção de ineficiências observadas no setor privado.
    b) Segundo o princípio do benefício, inexistem problemas de implementação de impostos ou taxas.
    c) O imposto de renda é um típico exemplo de aplicação do princípio da capacidade de pagamento.
    d) Os tributos são constituídos por impostos e taxas.
    e) Pelo princípio da neutralidade, um tributo deve ser equânime, no sentido de distribuir seu ônus de maneira justa entre os indivíduos.

Comentários

A assertiva A está incorreta porque a imposição de tributos pode ser justificada e implementada de tal forma que *ex ante* interfira o mínimo possível nas decisões de consumo, produção e poupança dos agentes da economia ou *ex post* de forma corretiva nas ineficiências verificadas na iniciativa privada. O vetor tributário sempre é (ou deveria ser) levado em conta nas decisões de viabilização de um empreendimento empresarial, bem como na compra de um bem de valor considerável pelas famílias.

O erro da questão está em creditar tal contexto ao princípio da equidade. O princípio correto seria o da neutralidade/eficiência!

A assertiva B está incorreta porque a implementação do princípio do benefício à questão da tributação esbarra na impossibilidade de mensuração dos benefícios via sistema de preços. O que são benefícios e como mensurar os benefícios recebidos, já que muitos agentes são resistentes à revelação de suas preferências e gostos. Muitos se aproveitam do serviço governamental sem pagar por ele; é o caso dos *free riders*. Além disso, serve como inibidor da gestão das políticas fiscal e estabilizadora.

A assertiva D está incorreta porque os impostos são constituídos por impostos, taxas e contribuições de melhoria.

A assertiva "E" está incorreta. Pelo princípio da equidade, um tributo deve ser equânime, no sentido de distribuir seu ônus de maneira justa entre os indivíduos. Pessoas iguais devem receber tratamento tributário idêntico (equidade horizontal) ao passo que pessoas diferentes devem ser alvo de tratamento tributário diferenciado (equidade vertical).

A assertiva C está correta. Sempre que possível, os impostos terão caráter pessoal e serão graduados segundo a capacidade econômica do contribuinte (leia-se capacidade de pagamento). Em termos econômicos, e o IR é o melhor exemplo para isso, a norma técnica prevê que quem mais possui deve pagar mais imposto proporcionalmente. O princípio da capacidade contributiva remete-nos à ideia de progressividade, tida por muitos como princípio da igualdade.

Nada mais justo para atender o princípio da capacidade de pagamento do que fazer com que aqueles que têm mais paguem mais impostos com alíquotas progressivamente maiores do que aqueles que têm menos, de forma que o sacrifício econômico seja proporcionalmente maior.

Gabarito: C

16. **(FGV/Analista em gestão administrativa/Secretaria do Estado de Pernambuco/2008) A respeito da Teoria da Tributação, é correto afirmar que:**
    a) segundo os princípios da equidade horizontal e vertical, respectivamente, a tributação deve incidir de forma que indivíduos com capacidades econômicas similares sejam onerados da mesma forma e que indivíduos com capacidades econômicas distintas sejam onerados diferenciadamente;
    b) o critério da capacidade de contribuição para observar a equidade de um sistema tributário diz respeito a avaliar se o mesmo atribui a cada indivíduo um ônus equivalente aos benefícios usufruídos;
    c) os tributos, idealmente, devem interferir o mínimo possível na alocação de recursos da economia, o que corresponde ao princípio da justiça fiscal;
    d) um sistema tributário é classificado como regressivo se, dado um aumento da renda, o montante de aumento dos tributos dividido pelo montante de aumento da renda for maior do que a unidade;
    e) a classificação dos tributos segundo a incidência do ônus de pagamento (diretos ou indiretos) é particularmente relevante para a análise da neutralidade, segundo a qual os tributos devem distribuir seus ônus de maneira justa entre os indivíduos.

Comentários

A assertiva A está correta porque o princípio da equidade ou justiça fiscal elenca dois critérios: a equidade horizontal, em que se vislumbra que contribuintes com mesma capacidade de pagamento devem arcar com o mesmo ônus fiscal, e a equidade vertical, em que cidadãos com capacidade de contribuição diferenciada devem ser taxados de forma distinta, no sentido de arcar mais quem mais tem estoque de riqueza e fluxos de rendas.

A **assertiva B está incorreta** porque para observar a equidade do sistema tributário, têm-se dois princípios: o da capacidade de contribuição ou de pagamento (já discorrido na assertiva anterior) e o do benefício, que diz respeito a avaliar o sistema tributário de acordo com os benefícios usufruídos pelos contribuintes em tela. Em teoria, representa que quanto maior o benefício para o cidadão, mais imposto este deve pagar, o que se torna difícil de operacionalizar na prática.

A **assertiva C está incorreta** porque os tributos, idealmente, devem interferir o mínimo possível na alocação de recursos da economia, ou seja, deve ser o mais neutro possível para não interferir nas decisões de produção, consumo e alocação dos agentes da economia. Tal pressuposto coincide com o princípio da neutralidade ou da eficiência.

A **assertiva D está incorreta** porque um sistema tributário é classificado como regressivo se, dado um aumento da renda, o montante de aumento dos tributos dividido pelo montante de aumento da renda for menor do que a unidade. Sobre o sistema tributário regressivo, vale registrar que a alíquota marginal é inferior à alíquota média ou que a alíquota média é função decrescente da renda. Reflete um crescimento do imposto menor quando comparado ao incremento da renda. No sistema regressivo, altera-se o padrão de distribuição da renda, tornando-a mais desigual. O percentual do imposto a ser pago diminui com o aumento da renda.

A **assertiva E está incorreta** porque a classificação dos tributos em diretos ou indiretos é corroborada segundo a incidência sobre a produção (consumo) e a renda (estoque de riqueza). É particularmente relevante para analisar a incidência tributária de fato e de direito, isto é, quem, afinal de contas, arca com o ônus fiscal. No caso dos impostos diretos, que incidem sobre a renda e o patrimônio, o ônus fiscal recai diretamente sobre o contribuinte final. Em se tratando de impostos indiretos, que incidem sobre o consumo e a produção, o ônus fiscal incide sobre o produtor, que pode transferir parte ou totalidade do ônus tributário para o consumidor final, que é quem arca na prática com o peso dos impostos. Isto é, ocorre transferência do ônus fiscal.

Gabarito: A

17. (FGV/Analista em gestão administrativa/Secretaria do Estado de Pernambuco/2008) Com relação à Parceria Público-Privada (PPP), é correto afirmar que:

a) a principal dificuldade, no Brasil, para a implementação de projetos de PPP é a ausência de legislação específica que regule a criação de modalidades de contratos administrativos dessa natureza;
b) a PPP, formalmente, é um contrato administrativo de concessão, na modalidade patrocinada ou administrativa, sendo a concessão administrativa o contrato de prestação de serviços dos quais a Administração Pública seja a usuária direta ou indireta;
c) o aumento do número de projetos de PPP, em nível nacional e mundial, reflete as novas funções do setor público, em especial a importância de sua função estabilizadora;
d) a principal justificativa teórica para a adoção de projetos de PPP no Brasil é a disponibilidade positiva de recursos financeiros pelo poder público e o aproveitamento da eficiência de gestão do setor privado;
e) o estabelecimento de projetos de PPP, no Brasil, é uma das soluções para a chamada "crise do setor público" observada no país.

Comentários

A assertiva A está incorreta porque a Lei nº 11.079 de 30 de dezembro de 2004 precisou normas gerais para licitação e contratação de PPPs, no âmbito da administração pública, instituindo-se a modalidade de investimento Parceria Público-Privada. O art. 2º da respectiva lei estabelece que parceria público-privada é um contrato administrativo de concessão, na modalidade patrocinada ou administrativa. O conceito de PPP apresenta duas características essenciais, quais sejam: i) estar direcionada para o fornecimento de serviços públicos e ii) proporcionar benefícios ao Estado e à coletividade em complementação aos resultados financeiros. O art. 4º, inciso IV da referida lei determina os princípios norteadores do processo, a saber:

1. Eficiência no cumprimento das missões de Estado e no emprego dos recursos da sociedade;
2. Respeito aos interesses e direitos dos destinatários dos serviços e dos entes privados incumbidos da sua execução;
3. Indelegabilidade das funções de regulação, jurisdicional, do exercício do poder de polícia e de outras atividades exclusivas do Estado;
4. Responsabilidade fiscal na celebração e execução das parcerias;
5. Transparência dos procedimentos e das decisões;
6. Repartição objetiva de riscos entre as partes;
7. Sustentabilidade financeira e vantagens socioeconômicas dos projetos de parceria.

A assertiva B está correta porque a Parceria Público-Privada (PPP) se apresenta então como uma nova modalidade de delegação de atividades, tradicionalmente executadas pelo setor público, que passam para a esfera de ação do setor privado. De modo geral, podemos conceituá-la como sendo um novo modelo de delegação, em que o particular assume o risco de projetar, financiar, construir e operar um determinado empreendimento de interesse público, podendo compartilhar esse risco com o Estado. Mantendo a propriedade após a conclusão do empreendimento, o parceiro privado coloca os seus serviços à disposição do Estado ou da comunidade mediante um contrato de operação de longo prazo, fazendo jus a uma remuneração periódica do Estado, conforme o atendimento de metas e requisitos previamente acordados.

A assertiva C está incorreta porque o aumento do número de projetos de PPP, em nível nacional e mundial, reflete as novas funções do setor público, em especial a importância de sua função alocativa e não estabilizadora, como mencionado na assertiva. A função alocativa se refere à otimização dos recursos públicos, que são escassos frente às necessidades da coletividade insaciáveis. Refere-se também à correção das externalidades negativas na economia, corrigindo as imperfeições do mercado.

A assertiva D está incorreta porque a acentuada queda dos níveis de investimento das administrações públicas não foi compensada pelos investimentos da iniciativa privada, comprometendo ainda mais o atendimento minimamente regular das demandas da sociedade, frustrando as expectativas e necessidades da coletividade. Esse novo contexto internacional irá afetar de forma dramática os países periféricos e em desenvolvimento, pois pelo fato de não possuírem um nível satisfatório de poupança interna, passam a depender cada vez mais da atração de capital externo para o financiamento do seu processo de desenvolvimento e das suas políticas públicas. Nesse ambiente de severa dificuldade de financiamento estatal a parceria com o setor privado começa a se desenvolver. A parceria com o setor privado passará a ser identificada por diversos governos como sendo uma grande alternativa para viabilizar projetos de infraestrutura e de provisão de serviços públicos requeridos pela sociedade.

A assertiva E foi tida como incorreta pela banca examinadora, mas não vejo maiores percalços com tal assertiva. Essa redução do tamanho e da capacidade de intervenção do Estado é realizada, de um lado, via privatização, que se traduz na transferência, por venda ou concessão de empresas estatais à iniciativa privada e, de outro lado, através de mudanças na modalidade de gestão dos ativos públicos como opção estratégica, ou seja, as PPPs. "A crise do setor público" pode ser entendida como a falência de um Estado que tem uma dívida social praticamente impagável e passou por 30 anos de déficit público elevado.

Gabarito: B

18. **A implementação da defesa da concorrência em nosso país ganhou força somente nos anos 90, quando se iniciava o processo de abertura econômica.** O processo de abertura comercial associado às novas regras da Organização Mundial do Comércio, a partir de 1989, a privatização de empresas estatais, a partir de 1991, o processo de desregulamentação da economia, a partir de 1994, o Plano Real, em 1994, e a regulamentação contratual dos monopólios naturais (energia, telefonia, ferrovias etc) foram fatores que permearam o advento da implementação da legislação antitruste. A Lei nº 8.884, de junho de 1994, introduziu uma legislação preventiva (controle de fusões, aquisições) e repressiva contra o abuso econômico (repressão a cartéis e a outras condutas anticompetitivas). Assinale a opção incorreta, no que tange aos marcos norteadores e às infrações.

   a) A legislação da defesa da concorrência segue as orientações da Carta Magna de 1988, como a manutenção da liberdade de iniciativa, a defesa do bem-estar dos consumidores.
   b) A criação da Procuradoria do Cade, que representa a entidade em juízo e o controle preventivo de fusões e aquisições são um dos norteadores da legislação nº 8.884/1994.
   c) O abuso de poder dominante, sendo entendido como aquele com mais de 40% de participação no respectivo mercado, é uma das infrações pela Lei nº 8.884/1994.
   d) O aumento abusivo de preços e a formação de cartel são também infrações pela Lei antitruste no Brasil.
   e) A venda casada é o ato em que o ofertante de determinado bem impõe para a sua venda a condição de que o comprador também adquira um outro bem ou serviço.

Comentários

As assertivas A e B estão corretas porque a legislação da defesa da concorrência segue as orientações da Constituição Federal de 1988, que são a manutenção da liberdade de iniciativa, a livre concorrência, a defesa do bem-estar dos consumidores. A Lei nº 8.884/1994, inspirada na experiência norte-americana e europeia, consagra a construção de uma política antitruste. Destacam-se os seguintes norteadores da legislação:
a) transformação do Cade em autarquia federal;
b) controle preventivo de fusões e aquisições;
c) tipificação como infração à ordem econômica o aumento abusivo de preços;
d) criação da Procuradoria do Cade, que representa a entidade em juízo.

A assertiva C está incorreta porque ocorre posição dominante quando uma empresa ou grupo de empresas controla parcela substancial de mercado relevante, como fornecedor, intermediário, adquirente ou financiador de um produto, serviço ou tecnologia a ele relativa. A posição dominante a que se refere é presumida quando a empresa ou grupo de empresas controla 20% de mercado relevante, podendo esse percentual ser alterado pelo Cade para setores específicos da economia.

As assertivas D e E estão corretas porque pela Lei nº 8.884/1994 são consideradas infrações:

a) aumento abusivo de preços, não justificados pelas planilhas de custos;
b) abuso de posição dominante, sendo esta entendida como aquela com manutenção de mais de 20% de participação no mercado relevante;
c) venda casada (ato em que o ofertante de determinado bem impõe para a sua venda a condição de que o comprador também adquira um outro bem ou serviço);
d) realização de preços predatórios (preços abaixo do custo variável médio, visando eliminar concorrentes para posteriormente praticar preços de monopólio);
e) formação de cartel, envolvendo colusão de preços, restrição de oferta e cooperação entre empresas e divisão de mercado;
f) restrições verticais, como a imposição de restrições a distribuidores;
g) atos de concentração como fusões, aquisições e *joint-ventures*, desde que seja comprovado o dano potencial ao mercado.

Gabarito: C

19. As políticas de antitruste, que se preocupam com o aumento da concentração do mercado e a defesa da concorrência, lida com uma série de termos técnicos. Assinale a assertiva correta sobre o assunto em pauta.

a) Um dos atos de concentração do mercado é a fusão que é a compra de participação acionária de uma dada empresa já existente, sem que isso acarrete o controle por meio da propriedade total das ações.
b) Cartel é um acordo necessariamente explícito entre concorrentes do mesmo segmento em torno de itens como preços, quotas de divisão territorial etc.
c) Cartel á uma prática restritiva horizontal que limita o escopo das ações de agentes que relacionam como compradores e vendedores ao longo da cadeia produtiva ou nos mercados.
d) *Joint venture* é uma figura jurídica que contempla as associações e alianças estratégicas entre empresas com um objetivo específico, que é a realização de um projeto ou empreendimento comum.
e) Acordos de exclusividade ou venda casada são práticas restritivas horizontais.

Comentários

A assertiva A está incorreta e a assertiva D está correta porque fusão é a junção de duas ou mais empresas em uma única firma, pessoa jurídica inteiramente nova. A aquisição, por sua vez, é a compra de participação acionária de uma dada empresa já existente, sem que isso implique necessariamente seu controle por meio da propriedade total das ações, nem o desaparecimento de sua personalidade jurídica. E, finalmente, *joint venture*, é uma figura jurídica que contempla as associações e alianças estratégicas entre empresas com um objetivo específico, que é a realização de um projeto ou empreendimento comum.

A assertiva B está incorreta porque cartéis são acordos explícitos ou tácitos entre concorrentes do mesmo segmento e que envolvem parte substancial do mercado consumidor, em torno de itens como preços (qualquer fixação de preços), quotas de produção e distribuição e divisão territorial, na tentativa de aumentar preços e lucros para níveis mais próximos de monopólio.

A assertiva C está incorreta porque as práticas restritivas horizontais reduzem a intensidade da concorrência afetando as interações entre as empresas ofertantes de um mesmo mercado, abrangendo, por exemplo, os acordos entre empresas (inclusive a formação de cartéis), a associação de profissionais e a prática deliberada de preços predatórios.

A assertiva E está incorreta porque acordos de exclusividade ou venda casada são práticas restritivas verticais, que limitam o escopo das ações de agentes que relacionam como compradores e vendedores ao longo da cadeia produtiva ou nos mercados finais, assim como a fixação de preços de revenda, as restrições territoriais e de base de clientes, a recusa de negociação, a discriminação de preços.

Gabarito: D

20. **Sobre os fundamentos da regulação pública, temos as teorias do "interesse público" e da "captura". Assinale a assertiva correta.**
    a) Enquanto as teorias do interesse público advogam a regulação como interação de interesses privados na maximização de lucros e benefícios, as teorias da captura rogam a regulação como correção de falhas de mercado objetivando a eficiência econômica.
    b) A regulação pública dos mercados se faz necessária em função também das falhas de mercado: externalidades, informação imperfeita e poder de mercado.
    c) As teorias de captura só podem ser aplicadas no campo econômico e social, não configurada no campo político ou estratégico.

Comentários

A **assertiva A está incorreta** porque, enquanto as teorias do "interesse público" abordam a regulação como correção das falhas de mercado com vistas à promoção do bem-estar, as teorias da captura advogam a regulação como interação de interesses privados orientados exclusivamente para a busca da maximização de seus benefícios. As teorias do "interesse público" asseguram que a iniciativa privada deve responder pela oferta em função das vantagens relativas ao sistema de mercado, restringindo a autonomia de decisão do empresário ao substituir o seu comportamento maximizador por normas e contratos administrativos que garantam um resultado socialmente mais justo.

A **assertiva B está correta** porque a regulação pública dos mercados se constitui de um conjunto de normas e de controles administrativos exercidos por órgãos do Estado que afetam o funcionamento das empresas e dos mercados, intervindo na eficiência econômica e no bem-estar social. As razões para a regulação pública de setores da economia estão relacionadas à existência das chamadas falhas de mercado, que se manifestam de três formas: externalidades, informação imperfeita e poder de mercado.

A **assertiva C está incorreta** porque, nos anos 70, Stigler publica o artigo "A Teoria da Regulação Econômica" (2004), em que sinaliza a regulação como mecanismo redistribuidor de renda ao beneficiar alguns grupos em detrimento de outros agentes. A política de regulação para Stigler pode ser encarada como um bem que é transacionado em mercados políticos em vez de mercados econômicos. Os grupos com maior demanda serão aqueles mais homogêneos e lineares, como os produtores. Já os grupos difusos e heterogêneos, como os consumidores, não são facilmente mobilizáveis com o intuito de afetar o processo regulatório. A oferta da regulação é feita pelo legislador que busca estabelecer a regulação de modo a obter o máximo de apoio político levando em consideração também a posição gerada pela sua escolha. Ou seja, ele escolhe a regulação beneficiando alguns grupos e taxando outros de modo a maximizar as suas condições de sustentação política.

Gabarito: B

21. **Sobre as PPPs (Parcerias Público-Privadas), podemos assinalar que:**
    I.   A PPP deve ser encarada como a solução definitiva para a crise de financiamento vivida pelo setor público.
    II. Do lado das vantagens, podemos afirmar que os principais êxitos das PPPs nos países desenvolvidos foram a viabilização de um volume de investimentos maior do que seria possível com os mecanismos tradicionais e a execução mais rápida dos projetos.

III. Apesar de todas as reformas estruturais e do estabelecimento dos marcos regulatórios, de modo geral, os investimentos privados não conseguiram compensar a drástica redução dos níveis de investimento do setor público, os quais foram gradativamente se restringindo a níveis muito abaixo do mínimo necessário ao funcionamento regular da economia e do atendimento das demandas da sociedade.

a) II e III estão incorretas.
b) II e III estão corretas.
c) I e II estão corretas.
d) I, II e III estão corretas.
e) I, II e III estão incorretas.

Comentários

A assertiva I está incorreta porque cremos que a PPP não é o único método para se obter o financiamento e a realização de um projeto. O que ela oferece não pode ser encarado como solução definitiva nem apenas como saída para a crise de financiamento vivida pelo setor público. Deve ser utilizada somente quando apropriado e onde oferecer claramente vantagens e benefícios. Além disso, é preciso lembrar-se da diversidade entre as estruturas de PPP que deverão ser selecionadas segundo o tipo de projeto, as necessidades e o setor. Não existe um modelo perfeito que possa se aplicado a todas as situações. Cada tipo de PPP tem seus pontos fortes e fracos inerentes, que precisam ser reconhecidos e integrados ao desenho dos projetos.

A assertiva II está correta porque, de modo geral, podemos afirmar que os principais êxitos alcançados pelas PPPs nesses países são: a viabilização de um volume de investimentos superior ao que seria possível com os mecanismos tradicionais; a execução mais rápida dos projetos; melhor alocação dos recursos; melhor qualidade dos serviços e incentivo à melhoria do desempenho.

A assertiva III está correta porque as reestruturações patrimoniais e restrições fiscais impactaram fortemente as formas de financiamento dos serviços de infraestrutura. Por representarem projetos de grande porte e longo período de maturação, de um lado, e com importância estratégica pelas externalidades e ganhos de eficiência associados, de outro, as atividades estatais nesse campo vão sofrer profundas mudanças. É nesse ambiente de severa dificuldade de financiamento estatal que a parceria com o setor privado começa a se desenvolver. A Parceria Público-Privada (PPP) se apresenta então como uma nova modalidade de delegação de atividades, tradicionalmente executadas pelo setor público, que passam para a esfera de ação do setor privado. Mais do que uma opção político-ideológica, a parceria com o setor privado passará a ser identificada por diversos governos como sendo uma grande alternativa para viabilizar projetos de infraestrutura e de provisão de serviços públicos requeridos pela sociedade. E embora não se ignorem os diversos tipos de PPP existentes, de modo geral podemos conceituá-la como sendo um novo modelo de delegação, em que o particular assume o risco de projetar, financiar, construir e operar um determinado empreendimento de interesse público, podendo compartilhar esse risco com o Estado. Mantendo a propriedade após a conclusão do empreendimento, o parceiro privado coloca os seus serviços à disposição do Estado ou da comunidade mediante um contrato de operação de longo prazo, fazendo jus a uma remuneração periódica do Estado, conforme o atendimento de metas e requisitos previamente acordados.

Gabarito: B

Capítulo 2

Bens públicos, externalidades, falhas de mercado. Bens públicos, semipúblicos e privados. Funções do setor público. Governo

• • •

1. **(Esaf/EPPGG/MPOG/2009) Sobre os conceitos econômicos de bens públicos e externalidades, é correto afirmar que:**
   a) se a produção de um bem implica externalidades negativas, então, em condições de concorrência perfeita, esse bem será produzido em quantidade superior à que seria socialmente eficiente;
   b) um bem público é qualquer bem que seja de propriedade estatal;
   c) define-se externalidade como um evento que ocorre fora dos estabelecimentos de uma empresa;
   d) não é possível que um ato de consumo gere externalidades negativas;
   e) não é possível que um ato de produção gere externalidades positivas.

Comentários

A assertiva A está correta porque a noção de externalidades negativas representa um custo público maior do que um custo privado, isto é, o benefício privado (de quem produz) é maior do que o benefício público, de sorte que a empresa produtora desse serviço ou bem maximiza sua utilidade sem observar o "mal causado" ao restante da coletividade. Dessa forma, tem-se a falha de mercado externalidade negativa ou má. Daí a necessidade do Estado para minimizar os efeitos desse fenômeno negativo para a coletividade através da taxação, da imposição de multas ou, em última instância, proibição da atividade. Como exemplo clássico, temos a indústria química, petroquímica.

A assertiva B está incorreta porque um bem público é um bem que atende a dois requisitos básicos: não exclusivo (não se pode proibir o uso/consumo do bem por nenhum indivíduo) e não rival (não se pode limitar, restringir a utilização de qualquer cidadão do bem em epígrafe). Pode-se dizer também que é um bem não saturado, pois sua utilização é infinita, sem provocar conflitos. Existem alguns bens e serviços que são de propriedade estatal, como saúde e educação, e nem por isso são tratados como bens públicos. Mas isso é uma outra questão!

A assertiva C está incorreta porque se define externalidades como qualquer atividade que gera descompassos entre os benefícios e custos privados e coletivos. Qualquer evento que ocorra dentro da empresa, mas que tenha repercussão negativa (externalidade negativa) ou boa (externalidade positiva) para a coletividade é tratado na literatura como tal.

A assertiva D está incorreta porque um ato de consumo de produtos de estética tão valorizados em nosso país é proveniente de uma atuação pesada da indústria química, que provoca efeitos deletérios como poluição dos rios, mares etc. A atividade química, extremamente necessária no mundo moderno, é invariavelmente poluidora. Cabe ao governo minimizar tais efeitos, forçando as empresas a serem ecologicamente mais corretas, socialmente mais responsáveis, mas não há como proibir a evolução, o crescimento da indústria.

A assertiva E está incorreta porque a produção de novas escolas públicas, a construção de novos hospitais, novas rodovias são obras que geram externalidades positivas porque permitem, a médio e longo prazo, maior empregabilidade para as pessoas e, por conseguinte, maior taxa de escolaridade para o país, maior expectativa de vida, representando, em última instância, mais desenvolvimento e crescimento econômico.

Gabarito: A

2. **(Esaf/APO-SP/2009) A atuação do governo na economia tem como objetivo eliminar as distorções alocativas e distributivas e de promover a melhoria do padrão de vida da coletividade. Tal atuação pode se dar das seguintes formas, exceto:**
   a) complemento da iniciativa privada;
   b) compra de bens e serviços do setor público;
   c) atuação sobre a formação de preços;
   d) fornecimento de bens e de serviços públicos;
   e) compra de bens e serviços do setor privado.

Comentários

A assertiva B está incorreta porque o Estado desenvolve basicamente três funções: i) distributiva através de mecanismos e ferramentas de imposição de tributos e política de transferências ou subsídios para famílias ou empresas; ii) alocativa através do complemento da iniciativa privada **(assertiva A)**, compra de bens e serviços do setor privado (assertiva E) e fornecimento de bens e serviços públicos **(assertiva D)**; e iii) estabilizadora através da atuação sobre a formação de preços **(assertiva C)** no controle da inflação e do desemprego.

Gabarito: B

3. **(Esaf/AFC/STN/2008) Assim entendida como a atuação do governo no que diz respeito à arrecadação de impostos e aos gastos públicos, a política fiscal possui como objetivos, exceto:**
   a) prestação de serviços públicos (atendimento de necessidades da comunidade);
   b) redistribuição de renda (bem-estar social);
   c) estabilização econômica, que corresponde ao controle da demanda agregada no curto prazo;
   d) promoção do desenvolvimento econômico, que corresponde ao estímulo da oferta agregada;
   e) controle da moeda nacional em relação a outras moedas.

Comentários

A política fiscal, ou seja, a atuação do Estado, está vinculada a três funções essenciais, a saber: i) função alocativa (alocar os recursos que são escassos da forma mais eficiente possível de forma a prover as necessidades da coletividade que são ilimitadas). **A assertiva A está correta.** ii) Função estabilizadora ou função do crescimento econômico (estabilizar o nível de preços-inflação e as taxas de desemprego, promovendo crescimento e desenvolvimento econômico). **As assertivas C e D estão corretas.** iii) Função redistributiva (instituir preferencialmente impostos diretos progressivos e transferir recursos para as classes mais pobres através da política de subsídios e transferências sociais). **A assertiva B está correta.**

A assertiva E está incorreta porque o controle da moeda nacional em relação a outras moedas é consistente com a política cambial, a cargo do Bacen, autoridade monetária suprema.

Gabarito: E

4. **(Esaf/STN/2008) A aplicação das diversas políticas econômicas a fim de promover o emprego, o desenvolvimento e a estabilidade, diante da incapacidade do mercado em assegurar o atendimento de tais objetivos, compreende a seguinte função do Governo:**
   a) função estabilizadora;
   b) função distributiva;
   c) função monetária;
   d) função desenvolvimentista;
   e) função alocativa.

Comentários

A assertiva A está correta porque a função estabilizadora procura ajustar o nível de inflação, de emprego, estabilizar a moeda, mediante instrumentos de política macroeconômica (monetária, fiscal e comercial).

A assertiva B está incorreta porque a função distributiva tem o objetivo de tornar a sociedade mais homogênea em termos de fluxos de renda e estoque de riqueza, por meio de ferramentas de tributação e canais de transferência financeiras, subsídios às famílias e subvenções a determinados setores industriais. O governo funciona como um grande agente redistribuidor de renda à medida que, por meio da tributação, retira recursos dos segmentos mais ricos da sociedade e os transfere para os segmentos menos favoráveis.

A assertiva C está incorreta porque a função monetária é competência exclusiva do Banco Central para controlar o estoque de meios de pagamento e a base monetária.

A assertiva D está incorreta porque a função de crescimento econômico, citada por alguns autores e economistas como uma quarta função do Estado, no nosso entender, cabe perfeitamente nesse escopo de estabilização. Corresponde à política acerca da formação de capital.

A assertiva E está incorreta porque a função alocativa se refere à oferta de bens e serviços públicos, isto é, à melhor alocação de recursos da economia dada a restrição orçamentária do governo.

Gabarito: A

5. **(Esaf/STN/2008) Sob determinadas condições, os mercados privados não asseguram uma alocação eficiente de recursos. Em particular, na presença de externalidades e de bens públicos, os preços de mercado não refletem, de forma adequada, o problema da escolha em condições de escassez que permeia a questão**

econômica, abrindo espaço para a intervenção do governo na economia, de forma a restaurar as condições de eficiência no sentido de Pareto. Nesse contexto, é incorreto afirmar:

a) externalidades ocorrem quando o consumo e/ou a produção de um determinado bem afetam os consumidores e/ou produtores, em outros mercados, e esses impactos não são considerados no preço de mercado do bem em questão;
b) consumidores podem causar externalidades sobre produtores e vice-versa;
c) a correção de externalidades, pelo governo, pode ser feita mediante tributação corretiva, no caso de externalidades positivas, ou aplicação de subsídios, no caso de externalidades negativas;
d) um exemplo de bem público puro é o sistema de defesa nacional, cujo consumo se caracteriza por ser não excludente e não rival;
e) falhas de mercado são fenômenos que impedem que a economia alcance o estado de bem-estar social, por meio do livre mercado, sem interferência do governo.

Comentários

As assertivas A e B estão corretas porque externalidades vêm a ser uma falha de mercado que justifica a intervenção do governo, do setor público. Ora, qualquer atividade econômica que provoque descompasso entre custos e benefícios públicos e privados ocasiona, compulsoriamente, redução de bem-estar social.

Com a presença de externalidades, o mercado livre pode não produzir as quantidades socialmente ideais de bens. As externalidades levam ao fracasso do mercado, sob a ótica social, pois o mercado produz muito pouco ou demais do bem.

A assertiva C está incorreta porque a correção de externalidades, pelo governo, pode ser feita mediante tributação corretiva, multas e impostos, para desestimular a atividade ou através de regulamentação, no caso de externalidades negativas; ou aplicação de subsídios ou produção direta, em se tratando de externalidades positivas ou boas.

A assertiva D está correta porque os bens públicos como a defesa nacional, o corpo de bombeiros, a assistência judiciária são bens públicos puros ou perfeitos, sendo oferecidos pelo Estado somente, de consumo coletivo e indivisível. São custeados pelos tributos, são não rivais e não exclusivos.

A assertiva E está correta porque falhas de mercado são situações que impedem que a economia atinja o ótimo de Pareto (o bem-estar social). Provocam invariavelmente desajustes, descompassos, desníveis na alocação de recursos. São os bens públicos, as externalidades, os monopólios e os mercados incompletos (desemprego e inflação).

Gabarito: C

6. **(Esaf/AFC/CGU/2006)** No mundo real, mercados perfeitamente competitivos são raros, existindo falhas de mercado que justificam a intervenção do governo. Identifique a opção falsa.

   a) São exemplos de falhas de mercado a existência de bens públicos e de externalidades.
   b) Os bens públicos puros possuem as características de não rivalidade e de impossibilidade de exclusão de seu consumo.
   c) O sistema de preços reflete apenas os custos e os benefícios privados, sendo necessária a presença do governo para incorporar as externalidades ao custo privado, mediante, por exemplo, a tributação ou o incentivo fiscal.
   d) Diz-se que uma externalidade tem lugar quando a atividade econômica dos indivíduos, na produção, consumo ou troca, não afeta e não interfere com o interesse dos outros indivíduos.
   e) Há externalidades positivas que podem demandar a intervenção do governo para que não haja uma suboferta.

Comentários

A assertiva A está correta porque externalidades, imperfeições, falta de informações, dificuldades de apropriação privada (bens públicos), concorrência ruinosa e ingerência do Estado na fixação de preços máximos e mínimos são os exemplos mais comuns de falhas de mercado, dificultando ou inibindo o perfeito funcionamento do mercado.

A assertiva B está correta porque os bens públicos puros ou perfeitos são ao mesmo tempo não rivais e não exclusivos, oferecendo benefícios às pessoas a um custo marginal zero (o consumo por um agente não diminui o consumo a ser realizado por outro agente) e ninguém pode ser excluído da possibilidade de desfrutá-los.

A assertiva C está correta porque o sistema de preços é o elemento que sinaliza aos agentes econômicos em que setores há excesso ou escassez de recursos. São os ditos preços relativos da economia que indica quais produtos estão sendo mais valorizados e quais estão encalhados nas prateleiras. Cabe ao governo coordenar da forma menos distorcida e mais eficiente possível a alocação de recursos nas quantidades adequadas e nas atividades necessárias, utilizando-se dos instrumentos de produção direta ou concessão de subsídios, no caso de externalidades positivas, ou imposição de multas ou impostos, em se tratando de externalidades negativas.

A assertiva E está correta porque, em se tratando de atividades que beneficiam a coletividade sem que a mesma pague por elas (externalidades positivas), o benefício social do bem ultrapassa o benefício privado, cabendo ao governo regulamentar e incentivar a produção dessa atividade através da concessão de subsídios ou da produção direta.

A **assertiva D está incorreta** porque a externalidade tem lugar quando a atividade econômica provoca descompasso entre custos e benefícios públicos e privados, ocasionando, compulsoriamente, redução de bem-estar social. Envolve a imposição involuntária de custos ou de benefícios a terceiros. Representa uma falha de mercado que justifica a intervenção do setor público.

Gabarito: D

7. **(Esaf/AFC/CGU/2006) Com base nas funções clássicas do Estado, assinale a única opção falsa.**
   a) As necessidades meritórias são aquelas que também são atendidas pelo setor privado e, portanto, não estão sujeitas ao princípio da exclusão.
   b) A função estabilizadora do governo concentra seus esforços na manutenção de um alto nível de utilização de recursos e de um valor estável da moeda.
   c) As necessidades meritórias e as necessidades sociais são atendidas, no Brasil, pelas três esferas de governo.
   d) Na atual conjuntura brasileira, verifica-se atividade governamental no que se refere à distribuição de renda, via ações compensatórias, tais como as transferências de renda por meio da distribuição de cestas básicas.
   e) A função alocativa do governo está associada ao fornecimento de bens e serviços não oferecidos adequadamente pelo sistema de mercado.

Comentários

A **assertiva A está incorreta** porque as necessidades meritórias, como é o caso da saúde e da educação, são também fomentadas pelo setor privado e satisfazem ao princípio da exclusão.

Veja o sistema público de saúde, gente morrendo nas portas dos hospitais, descaso das autoridades instituídas, escassez de remédios, de materiais, de pessoal. Isso está muito patente em função da questão da prorrogação da CPMF, tributo que nasceu para financiar os gastos com o sistema público de saúde. A iniciativa privada se aproveita dessas ineficiências do governo e passa a prover tais serviços à parcela da população com certo poder aquisitivo. A partir daí, o princípio da exclusão se opera perfeitamente. Veja os planos de saúde de todos os tipos e para todos os bolsos. Além de ser um dos direitos fundamentais da Constituição Federal, todos os dias nos deparamos com relutância de centros públicos de saúde em receber novos pacientes, escolas públicas com filas de três dias para que os pais possam matricular seus filhos no período letivo com promoção de senhas limitadas para matrículas. Quer Princípio da Exclusão mais forte que esse?!

A **assertiva B está correta** porque a função estabilizadora pretende ajustar o nível da inflação, emprego e promover a estabilização da moeda.

A assertiva C está correta porque as necessidades meritórias e sociais são atendidas pelas esferas federal, estadual e municipal.

A assertiva D está correta porque a função redistributiva no Brasil tem por hábito promover uma política de gasto público orientada prioritariamente para as classes mais baixas com canais de transferência em recursos monetários (programas Bolsa Escola e Bolsa Família) ou donativos (cestas básicas), não se utilizando de uma ferramenta tributária progressiva de fato com taxação sobre grandes fortunas e impostos sobre produtos adquiridos pelos ricos.

A assertiva E está correta porque a função alocativa se refere ao fornecimento de bens e serviços públicos puros e serve como instrumento de correção de imperfeições e disfunções do sistema econômico.

Gabarito: A

8. **(Esaf/AFC/STN/2005) Baseada na visão clássica das funções do Estado na economia, identifique a opção que foi defendida por J.M. Keynes.**
   a) As funções do Estado na economia deveriam ser limitadas à defesa nacional, justiça, serviços públicos e manutenção da soberania.
   b) As despesas realizadas pelo Governo não teriam nenhum resultado prático no desenvolvimento econômico.
   c) A participação do Governo na economia deveria ser maior, assumindo a responsabilidade por atividades de interesse geral, uma vez que o setor privado não estaria interessado em prover estradas, hospitais e outros serviços públicos.
   d) A economia sem a presença do governo seria vítima de suas próprias crises, cabendo ao Estado tomar determinadas decisões sobre o controle da moeda, do crédito e do nível do investimento.
   e) A atuação do Governo se faria nos mercados em que não houvesse livre concorrência, e sua função seria a de organizá-la e defendê-la para o funcionamento do mercado e para seu equilíbrio.

Comentários

A assertiva D está correta porque o keynesianismo tinha como dogma a intervenção do Estado para gerar pleno emprego, pois o sistema, em sua concepção, era instável. O sistema deixado por si só tende a produzir problemas espontaneamente.

O problema está do lado da demanda efetiva ou da escassez de demanda. Surge, então, Keynes com o desequilíbrio orçamentário provocado via gastos públicos e emissão monetária.

A interferência do Estado se manifesta em todas as correntes como produtor (ofertando bens e serviços não oferecidos pelo mercado), consumidor (maior consumidor de bens e serviços produzidos pela iniciativa privada), empregador e regulador de atividade econômica.

As outras assertivas se referem à postura do liberalismo econômico e sua filosofia do *laissez-faire*. O problema econômico não é questão que o governo resolva. O melhor é que o governo exerça atividades extraeconômicas.

Gabarito: D

9. **(Esaf/AFC/STN/2005) No que diz respeito aos bens públicos, semipúblicos e privados, indique a única opção incorreta.**
    a) Bens públicos são os bens que o mecanismo de preços não consegue orientar os investimento a fim de efetuar sua produção.
    b) Bens públicos têm a característica de serem usados por todos, indistintamente, não importando o nível de renda ou condição social.
    c) Bens semipúblicos satisfazem ao princípio da exclusão, mas são produzidos pelo Estado.
    d) O serviço meteorológico é um exemplo de bem de consumo não rival.
    e) Serviços de saúde e saneamento são bens públicos, uma vez que seus custos podem implicar preços muito altos para que as pessoas pobres possam ter acesso aos mesmos.

Comentários

As assertivas A, B e D estão corretas porque bens públicos são aqueles que as pessoas podem consumir sem reduzir o disponível para os demais consumidores. Podemos exemplificar citando o serviço meteorológico, um concerto musical e a segurança pública nacional.

Os bens públicos não são fornecidos da maneira ideal pelo mercado livre quando o custo de exclusão é alto. Custo de exclusão é o custo de excluir um potencial consumidor de um bem ou de aproveitar os benefícios desse bem.

Quando o custo de exclusão é alto, há o problema do oportunista (*free rider*) que usufrui dos benefícios do bem público sem pagar por ele.

Um exemplo de um bem público cujo custo de exclusão é baixo é um concerto. Os oportunistas são facilmente excluídos permitindo-se que apenas os que compram ingressos assistam ao concerto. Por outro lado, é impossível excluir qualquer cidadão da defesa nacional. Portanto, todas as nações pagam pela defesa nacional com impostos.

É justamente o princípio da "não exclusão" no consumo dos bens públicos que torna a solução de mercado, em geral, ineficiente para garantir a produção da quantidade adequada de bens públicos requerida pela sociedade. É o caso da segurança nacional, do corpo de bombeiros e da polícia.

A assertiva C está correta e a assertiva E está incorreta.

Bens semipúblicos ou meritórios são de fato produzidos pelo Estado, mas satisfazem ao princípio da exclusão (quem não paga não consome). O Princípio da Exclusividade assegura que o consumo realizado por um agente foi devidamente pago. Aos agentes que não puderem arcar com tal consumo, a utilização do bem/serviço será negada. De fato, serviços como educação e saúde deveriam ser tratados como bens públicos constitucionais e incondicionais, dado o montante de tributos arrecadados, as péssimas condições de vida da esmagadora maioria da população e a grande concentração de renda. Infelizmente, quem precisa dos serviços públicos minimamente razoáveis de saúde e educação tem de se dirigir a um plano de saúde privado ou alguma modalidade afim.

Gabarito: E

10. **(Esaf/AFC/CGU/2004) Para atingir os objetivos de política econômica, o governo dispõe de um conjunto de instrumentos. Entre eles estão a política fiscal, monetária e cambial. Assinale a opção incorreta.**
    a) A política cambial corresponde a ações do governo que atingem diretamente as transações internacionais do país.
    b) A política fiscal pode ser dividida em política tributária e política de gastos públicos.
    c) Para controlar as condições de crédito, o governo utiliza a política monetária.
    d) Quando o governo aumenta seus gastos, diz-se que a política monetária é expansionista e, caso contrário, é contracionista.
    e) Por meio da política cambial, o governo pode atuar no mercado de divisas de vários países.

Comentários

A assertiva D está incorreta porque esta questão, embora tenha aparecido na citada prova na seção de Finanças Públicas, é mais pertinente para o tópico de Economia. Daí a necessidade de os assuntos Economia e Finanças Públicas serem estudados paralelamente.

Política comercial ou cambial é aquela que atinge diretamente as transações da economia doméstica com o resto do mundo via contas do balanço de pagamentos. Exportações e importações de bens e serviços, capitais especulativos, investimentos diretos, amortizações, empréstimos externos, dentre outros, são assuntos pertinentes à política cambial, promovida pelo Banco Central.

Já política fiscal corresponde às políticas de gastos, despesas e investimentos públicos bem como tributária de arrecadação de taxas, impostos e contribuições.

E, finalmente, política monetária corresponde à outra das políticas da tríade e corresponde ao montante de oferta de moeda suficiente para atender às demandas transacional, precaucional e especulativa dos agentes.

Dessa forma, a única opção integralmente incorreta é a assertiva D, pois quando o governo aumenta seus gastos, diz-se que a política fiscal (e não monetária!) é expansionista; caso contrário, é contracionista.

Gabarito: D

11. **(FCC/ICMS-SP/2006) Atualmente o Estado intervém em quase todas as atividades humanas em razão das necessidades públicas. Dentre outras atribuições, incumbe ao Estado regular a atividade econômica, prestar serviços públicos, explorar a atividade econômica e exercer poder de polícia. Nesse contexto, é possível afirmar que as finanças públicas:**
   a) têm papel secundário na intervenção do Estado na economia, diante da política liberal vigente;
   b) as finanças públicas podem tornar-se poderoso instrumento de atuação estatal no domínio econômico, visando a um orçamento equilibrado e contenção de gastos públicos;
   c) pertencem ao universo normativo, regulando a intervenção estatal no domínio econômico, compondo a política financeira estatal e consubstanciada nas leis orçamentárias;
   d) caracterizam-se por ser uma disciplina jurídica que tem como objeto de seu estudo toda a atividade do Estado no tocante à forma de realização da receita e da despesa;
   e) dizem respeito ao universo do ser do plano real e dispensam uma realidade normativa, ficando adstritas apenas ao campo econômico, desvinculado de intervenção estatal.

Comentários

A assertiva A está incorreta porque as finanças públicas têm papel primordial e não secundário na intervenção do Estado na economia, diante do receituário liberal vigente em que os mercados operam à mercê dos Estados Nacionais. Prega-se a imprescindibilidade de um orçamento equilibrado (leia-se superávit primário) e contenção de gastos públicos.

A assertiva C está incorreta porque as finanças públicas regulam a intervenção estatal no domínio econômico, compondo a política financeira estatal e consubstanciada nas leis orçamentárias, mas não pertencendo somente ao universo normativo.

A assertiva D está incorreta porque as finanças públicas não são propriamente uma disciplina jurídica, e o estudo do orçamento público é que se destina ao estudo da atividade do Estado no tocante à forma de realização da receita e da despesa.

A assertiva E está incorreta porque as finanças públicas não ficam adstritas apenas ao campo econômico, desvinculado de intervenção estatal.

Gabarito: B

12. **(FGV/Analista em gestão administrativa/Secretaria do Estado de Pernambuco/2008)**
A respeito das funções do governo, é correto afirmar que:
   a) a função alocativa está associada às chamadas "falhas de mercado" e se justifica quando o resultado distributivo do mecanismo de mercado não for considerado socialmente desejado;
   b) quando o governo decide destinar parte de recursos públicos para os setores de saúde e educação, está exercendo sua função estabilizadora;
   c) a atividade de compra e venda de títulos pelo governo em mercados primários e secundários está associada à sua função reguladora;
   d) as três funções tradicionais associadas ao governo na literatura das finanças públicas são as funções alocativa, estabilizadora e reguladora;
   e) a função estabilizadora diz respeito à manutenção da estabilidade econômica e justifica-se para atenuar o impacto de crises.

Comentários

A **assertiva A está incorreta** porque a função alocativa se refere de fato à correção das falhas de mercado e suas imperfeições e se justifica em razão das próprias falhas (bens públicos, externalidades, desemprego, inflação e monopólio natural). Sabemos que o resultado distributivo do mecanismo de mercado não tem sido considerado socialmente justo, mas isso é competência da função redistributiva do Estado através dos mecanismos de impostos progressivos e transferências de recursos para a coletividade (subsídios e transferências).

A **assertiva B está incorreta** porque quando o governo decide destinar parte de recursos públicos para os setores de saúde e educação, está exercendo sua função alocativa.

A **assertiva C está incorreta** porque a atividade de compra e venda de títulos públicos (operações de *open-market*) em mercados primários e secundários está associada à política monetária do Banco Central e vinculada à função estabilizadora, que procura equilibrar os meios de pagamentos da economia de forma a controlar a inflação e garantir o crescimento econômico duradouro.

A **assertiva D está incorreta** porque as três funções tradicionais associadas ao governo na literatura de finanças públicas são as funções alocativa, estabilizadora e distribuitva.

A **assertiva E está correta** porque a função estabilizadora concerne às preocupações com a estabilidade de preços, controle da inflação e do crescimento da economia. Alguns livros trazem ainda a função crescimento econômico, ao passo que outros incorporam o crescimento econômico à função estabilizadora.

Gabarito: E

Capítulo 2 — Bens públicos, externalidades, falhas de mercado. Bens públicos, semipúblicos e privados. Funções do setor público. Governo

13. **(Fundatec/CEEE/2009)** Externalidade e bens públicos são importantes conceitos relacionados com eficiência econômica. As seguintes afirmações dizem respeito a esses conceitos.

    I. A origem da ineficiência econômica, na presença de uma externalidade negativa, é o fato do preço incorreto do produto.

    II. Os bens públicos oferecem benefícios às pessoas a um custo marginal zero, e ninguém poderia ser excluído da possibilidade de desfrutá-lo.

    III. Externalidades positivas nunca são causas de ineficiência econômica.

    Quais estão corretas?

    a) Apenas I.
    b) Apenas II.
    c) Apenas III.
    d) Apenas I e II.
    e) I, II e III.

Comentários

A assertiva I está correta porque, em se tratando de externalidades negativas, a ineficiência econômica se traduz em preços supervalorizados, uma vez que a empresa já embute, ou melhor, transfere para o consumidor final um ônus maior em razão da possibilidade de vir a ser mais pesadamente taxada ou ter sua atividade mais regulamentada em função dos prejuízos que causa à coletividade em geral. Dessa forma, na equação de rentabilidade da empresa, o vetor "externalidade negativa" já está embutido.

A assertiva II está correta porque os bens públicos são aqueles em que o custo extra (na margem, adicional) para produzir determinado bem é praticamente nulo e não há possibilidade de exclusão do indivíduo do consumo do produto ou serviço. Por exemplo, a praça pública está lá para ser usufruída por qualquer cidadão, sem nenhuma restrição e sem nenhum custo adicional para a Administração Pública. Os serviços de limpeza, manutenção e modernização da praça serão (ou deveriam ser feitos) independente do volume de uso do bem em questão. Não há custo marginal.

A assertiva III está incorreta porque externalidades mesmo que positivas também podem ser tidas como fonte de ineficiências porque tendem a produzir abaixo do ponto ótimo, do socialmente desejável e, portanto, devem ser estimuladas pelo setor público através da concessão de subsídios, facilidades ou produção direta do governo. Seja externalidade negativa ou positiva, é falha de mercado e, portanto, fonte de ineficiência econômica que precisa ser corrigida pela atuação do Estado.

Gabarito: D

14. (Fundatec/Sulgas/2008) Os bens *não exclusivos* e/ou *não disputáveis* são bens que o mercado privado provavelmente não produza de modo eficiente, ou seja, que o mercado pode não oferecer ou então pode não cobrar por ele o preço apropriado. Em economia, os bens públicos possuem essas características: são *não exclusivos* e *não disputáveis*. O bem é não exclusivo quando as pessoas não podem ser impedidas de consumi-lo, tornando-se impossível ou muito difícil cobrar pela sua utilização/consumo. O bem é não disputável quando, para qualquer nível específico de produção:

a) o custo marginal de sua produção é negativo para um consumidor adicional;
b) o custo marginal de sua produção é positivo para um consumidor adicional;
c) o custo marginal de sua produção é zero para um consumidor adicional;
d) o resultado econômico obtido com sua venda é sempre zero;
e) o resultado econômico obtido com sua venda é sempre positivo.

Comentários

Interessante essa questão sobre bens públicos que utilizam o princípio da não rivalidade ou não "disputabilidade". Bens públicos são não rivais, não disputáveis, isto é, o uso de um bem por um indivíduo não impede que outro indivíduo qualquer utilize o mesmo bem no mesmo instante, entendeu?

O custo marginal, extra, adicional para o setor público manter o parque público limpo, por exemplo, é o mesmo, independente se 100 pessoas ou 200 pessoas vão utilizar o espaço. O maior consumo do bem público não provoca, em tese, maiores gastos para a administração pública.

Gabarito: C

15. (Fundatec/Emater-RS/2008) Tendo-se em conta o conceito de *externalidades*, NÃO é correto afirmar que:

a) as externalidades negativas podem se tornar uma causa de ineficiência econômica devido ao fato de não estarem refletidas nos preços de mercado;
b) uma das maneiras propostas para redução de externalidades negativas é a imposição de um imposto sobre a produção;
c) um programa para eliminação de mosquitos é um exemplo de ação que o governo deve tomar, em razão de as empresas, por existir externalidades, não promoverem tal ação;
d) as externalidades negativas ajudam a justificar a interferência do governo na economia, o que não se verifica com as externalidades positivas;
e) externalidades negativas geradas por emissão de poluição também podem ser combatidas fixando-se um padrão de emissões de poluentes.

Comentários

As assertivas A, B, C e E estão corretas porque programas de controle da poluição ambiental e sonora nas praias brasileiras são exemplos de atuação do Estado para minimizar os impactos das externalidades negativas, como o lixo das indústrias químicas jogado nos rios e mares e a poluição do ar pelas empresas. Dessa forma, o Estado atua através de imposição de pesadas multas e imposição de impostos à atividade produtora dessa externalidade bem como criação de agências reguladoras para que a alocação de recursos seja mais eficiente ou que a falha de mercado seja corrigida. É a dita função alocativa do Estado.

A assertiva D está incorreta porque as externalidades positivas também devem motivar a interferência do governo, mas de forma a incentivar, estimular mais produção desses bens que provocam benefícios sociais mais amplos que os benefícios privados, ou seja, atividades em que o custo público é menor que o custo privado. Acaba sendo também uma função redistributiva.

Gabarito: D

16. **(NCE-UFRJ/Regulação/ANTT/2008)** Analise o texto a seguir e assinale a alternativa que apresenta a solução corretamente justificada para o problema abordado. "A existência de mercados *em número suficiente* diz respeito diretamente ao problema das externalidades. De forma geral, há uma externalidade sempre que uma atividade de natureza econômica de um agente gerar um custo ou um benefício, sem que o agente em questão tenha de arcar com esse custo ou possa ser remunerado pelo benefício. Assim, externalidades surgem em função da ausência de um mercado que determine a alocação desse custo ou benefício. Quando isso ocorre, custos e benefícios que poderiam ser minimizados ou maximizados socialmente deixam de sê-lo, e o mercado *falha* na sua tarefa de gerar um ótimo paretiano".

   a) Não se recomenda a atividade regulatória do Estado, pois, ao estabelecer preços, quantidades, padrões de qualidade ou metas de investimento, causaria uma interferência inútil ou nociva na busca do autointeresse.
   b) Recomenda-se a interferência econômica do Estado através de impostos, subsídios, regulação de quantidades etc., de forma a promover um nível superior de bem-estar social.
   c) Não se recomenda que a atividade regulatória do Estado na busca do interesse individual através da atividade econômica, produzindo e trocando bens, conduziria necessariamente ao bem comum.
   d) Recomenda-se a interferência econômica do Estado para evitar a formação de monopólio.
   e) Não se recomenda a interferência econômica do Estado, pois na situação apresentada não existe o risco de formação de monopólio.

Comentários

A assertiva A está incorreta porque o Estado deve ter como função primordial a regulação da atividade econômica de produção de bens e serviços. Dessa forma, notamos as inúmeras agências reguladoras que foram criadas pelo governo com o objetivo de fiscalizar de forma autônoma, independente dos preços da economia, a formação das diversas estruturas de mercados e evitar ou minimizar os abusos de certas empresas.

A assertiva B está correta porque o Estado pode taxar, impor tributos mesmo sobre certas atividades econômicas que estejam causando descompassos sociais, isto é, externalidades negativas com custos para toda a coletividade. Em mesmo compasso, o Estado deve estimular e conceder subsídios às atividades que estejam gerando externalidades positivas, isto é, benefícios sociais maiores que os benefícios privados.

A assertiva C está incorreta porque a atividade do Estado deve ser a de promoção do bem comum e para tanto deve utilizar de seu poder de autoridade reguladora para realizar as funções de alocação de recursos, estabilização da economia e distribuição de renda.

A assertiva D está correta, mas não atende ao preceituado na questão. Cuidado! De fato, a interferência do Estado deve também evitar a formação de monopólios ou reduzir seus efeitos, já que da mesma forma que externalidades e bens públicos, constituem uma falha de mercado. Contudo, a questão lida exclusivamente com a falha de mercado conhecida como externalidades, ou seja, qualquer atividade econômica que provoque descompasso entre custos e benefícios públicos e privados ocasiona, compulsoriamente, redução de bem-estar social. Com a presença de externalidades, o mercado livre pode não produzir as quantidades socialmente ideais de bens. As externalidades levam ao fracasso do mercado, sob a ótica social, pois o mercado produz muito pouco ou demais do bem.

A assertiva E está incorreta porque, embora a situação apresentada não implique em formação de monopólio, a interferência do Estado é justificada e recomendada em função da existência de outra falha de mercado: as externalidades.

Gabarito: B

17. (Vunesp/CMSP/2007) Quando a produção de um bem gera poluição do ar, essa produção pode ser considerada ineficiente porque:
   a) o processo de produção é tecnologicamente defasado;
   b) há evasão de impostos;
   c) há desleixo do empresário;
   d) a empresa não cumpre sua função social;
   e) o preço de bem não computa os custos que decorrem da poluição.

Comentários

A assertiva E está correta porque a poluição do ar é um exemplo típico da literatura econômica referenciado como uma externalidade negativa. É consequência da atividade que impõe custos não compensadores sobre as pessoas. Isso representa que o custo social do bem (o ônus que toda a coletividade arca com a produção do bem poluidor) ultrapassa o custo privado (o ônus representado exclusivamente por aqueles que estão ligados à produção do bem que gera poluição). Para exemplificar, temos a prática de uma atividade siderúrgica, no que concerne à utilização de rios para receber o lixo por ela produzido. O custo social implícito é infinitamente maior do que o custo privado, pois a firma poluidora não tem o hábito de pagar, como compensação pelo transtorno causado, indenizações aos moradores do entorno.

Gabarito: E

18. (Vunesp/CMSP/2007) A avenida Marginal do Rio Tietê, em São Paulo, no horário de pico é um bem:
   a) não rival e não excludente;
   b) não rival e excludente;
   c) rival e não excludente;
   d) rival e excludente;
   e) que poderá ser rival e excludente dependendo de como for financiado.

Comentários

O princípio da rivalidade apregoa que um bem é rival quando o consumo realizado por um agente diminui o montante consumido por outros agentes. Dessa forma, a não rivalidade do consumo roga que o consumo por um agente não diminui o montante a ser demandado pelos demais indivíduos. Ora, me parece bastante óbvio e claro que a Av. Marginal do Tietê (bem público), com a peculiaridade do contexto de horário de pico, a torna, momentaneamente, bem rival, pois não há como dois automóveis ocuparem o mesmo espaço na via. Preparem-se para longos congestionamentos e impossibilidades de utilização da via naquele horário específico, em que as pessoas retornam do trabalho para as residências.

Já o princípio da exclusão roga que o consumo da avenida implica que o agente A tenha pago pela utilização ao passo que o agente B se furtou ao pagamento da utilização e, portanto, não irá utilizar a avenida. Já a não exclusão (como é a casa da avenida Tietê ou de qualquer outra que não tenha pedágio) sinaliza que quem não paga também consome, pois não há como um automóvel ser excluído da utilização da avenida.

Então, bastante atenção, pois a avenida Tietê, no final da noite, por exemplo, até o início da manhã, é não rival e não excludente. Todavia, a característica singular da questão (avenida Tietê em horário de pico) provocou a rivalidade do consumo, mas manteve a não exclusão.

Gabarito: C

Capítulo 3

Impostos, taxas, contribuições fiscais e parafiscais. Tipos de impostos. Diretos e indiretos. Impactos sobre o consumidor e a indústria de cada tipo de imposto. Carga fiscal. Carga ótima. Efeitos da inflação e do crescimento econômico nos tributos. Efeitos da ausência ou do excesso de cobrança do imposto

• • •

1. **(Cesgranrio/Petrobras/Auditor/2009) De acordo com o Código Tributário Nacional, os tributos são divididos em:**
    a) empréstimos não compulsórios, taxas e impostos;
    b) impostos, prestações e taxas;
    c) impostos, taxas e contribuições de melhoria;
    d) impostos de melhoria, contribuições financeiras e prestações;
    e) contribuições compulsórias, impostos de melhoria e contribuições financeiras.

Comentários

O Código Tributário Nacional postula em conformidade com o art. 3º que tributo é toda prestação pecuniária compulsória, em moeda ou cujo valor nela se possa exprimir, que não constitua sanção de ato ilícito, instituída em lei e cobrada mediante atividade administrativa plenamente vinculada.

Por prestação pecuniária, cabe o entendimento que o tributo é pago em dinheiro, ou seja, a lei visa garantir ao Estado os recursos financeiros para custear suas despesas correntes e de capital. E, por compulsória, vale o registro de o pagamento do tributo independer da vontade do contribuinte, se originando direto da lei.

Já sobre a expressão "que não constitua sanção de ato ilícito", queremos dizer que a incidência do tributo se constitui sempre em um ato lícito, isto é, tributo não é penalidade. Não importa aqui a maneira como ocorreu o fato gerador.

Cabe ainda registrar que o tributo deve ser instituído por lei, ou seja, só a lei pode criar um tributo. É a consagração do princípio da legalidade, art. 150, inciso I, da Constituição Federal, que roga que nenhum tributo será exigido sem que a lei o estabeleça.

E, finalmente, a cobrança deve ser feita mediante atividade administrativa plenamente vinculada, exigindo que a lei tributária seja exaustiva, não deixando resquício algum para autoridade administrativa.

O tributo é gênero apresentando como espécies: os impostos, as taxas e as contribuições de melhoria.

Gabarito: C

2. **(Cesgranrio/Petrobras/Auditor/2009) O imposto é um componente do sistema tributário nacional, de caráter genérico, cuja obrigação tem, como fato gerador:**
   a) uma contraprestação estatal específica, relacionada ao tipo de serviço prestado ao contribuinte final;
   b) uma situação independente de qualquer atividade estatal específica, relativa ao contribuinte;
   c) o exercício regular do poder de polícia ou a utilização efetiva ou potencial de serviço público, específico e divisível, prestado ao contribuinte;
   d) a valorização imobiliária decorrente de obras públicas, tendo, como limite total, a despesa realizada e, como limite individual, o acréscimo de valor que da obra resultar;
   e) a coleta de recursos para certas áreas de interesse do poder público, na Administração direta ou indireta.

Comentários

A assertiva A está incorreta e a assertiva B está correta porque o tributo pode ter como fato gerador tanto uma situação independente de qualquer atividade estatal específica, como é o caso dos impostos, chamados justamente por isso de tributos não vinculados em que sua cobrança não está ancorada em qualquer ordem de atuação ou atividade do Estado, quanto uma atuação específica estatal relativa ao contribuinte, como é o caso dos tributos vinculados (taxas e contribuições de melhoria). Logo, a assertiva B está claramente correta por se tratar da figura do imposto, exclusivamente.

A assertiva C está incorreta porque infere-se do art. 145, inciso II, da CF e do art. 77 do CTN, que a taxa (e não imposto) é espécie de tributo cujo fato gerador é o exercício regular do poder de política ou o serviço público, prestado ou posto à disposição do contribuinte.

Como exemplo de taxas, temos: a licença para localização e funcionamento de atividade empresarial, cobrada pelos entes municipais, a taxa de licença cobrada para publicidade por meio de outdoors, licença para construção de edificações, dentre outras.

Encontramos o poder de polícia enunciado no art. 78 do CTN:

> Considera-se poder de polícia a atividade da administração pública que, limitando ou disciplinando direito, interesse ou liberdade, regula a prática de ato ou a abstenção de fato, em razão de interesse público concernente à segurança, à higiene, à ordem, aos costumes, à disciplina da produção e do mercado, ao exercício de atividades econômicas dependentes de concessão ou autorização do Poder Público, à tranquilidade pública ou ao respeito à propriedade e aos direitos individuais ou coletivos.

O art. 145, inciso II, da CF, estabeleceu que a União, os estados, o Distrito Federal e os municípios poderão instituir taxas, em razão do exercício do poder de polícia ou pela utilização, efetiva ou potencial, de serviços públicos específicos e divisíveis, prestados ao contribuinte ou postos à disposição.

Para que o serviço público possa servir como fato gerador da taxa, deve preencher as seguintes lacunas:

i) ser específico e divisível;
ii) ser prestado ao contribuinte ou posto à sua disposição;
iii) ser utilizado, efetiva ou potencialmente pelo contribuinte.

A assertiva D está incorreta porque a contribuição de melhoria é um tributo também vinculado cujo fato gerador é a valorização de imóvel decorrente de obra pública. A esse conceito adicionamos o fato da finalidade justa da distribuição dos encargos públicos, retornando aos cofres públicos o valor despendido com a realização das obras públicas que geraram a valorização do imóvel ali localizado.

O fato gerador da contribuição de melhoria é a valorização do imóvel do qual o contribuinte é o proprietário ou tem o domínio útil, reconhecendo que tal valorização deve decorrer de obra pública. Faz-se necessário também que haja valorização do imóvel e que esta seja fruto direto da obra pública realizada para que a contribuição de melhoria possa ser cobrada.

As Contribuições de Melhoria estão disciplinadas no art. 81 e seguintes do CTN. É um tipo de tributo vinculado, que tem por hipótese de incidência uma atuação estatal indiretamente referida ao contribuinte. Essa atuação é uma obra pública que causa valorização imobiliária, isto é, aumenta o valor de mercado de imóveis localizados em suas imediações.

Gabarito: B

3. **(Cesgranrio/Petrobras/Auditor/2009) Atualmente, as operações que envolvem a importação de bens ou serviços do exterior estão sujeitas à cobrança não só do imposto de importação, como também de contribuições para seguridade social como, por exemplo:**
   a) contribuição de melhoria;
   b) contribuição compulsória;
   c) CSSL;
   d) Cofins;
   e) CPMF.

Comentários

A assertiva D está correta porque a Contribuição para o Financiamento da Seguridade Social (Cofins) é uma contribuição federal, de natureza tributária, incidente sobre a receita bruta das empresas em geral, destinada a financiar a seguridade social. A alíquota é de 7,6% para as empresas tributadas pelo lucro real (sistemática da não cumulatividade) e de 3,0% para as demais. Tem por base de cálculo:
- o faturamento mensal (receita bruta da venda de bens e serviços), ou
- o total das receitas da pessoa jurídica.

O termo "seguridade social" deve ser entendido dentro do capítulo próprio da Constituição Federal de 1988 que abrange a previdência social, a saúde e a assistência social.

São contribuintes da Cofins as pessoas jurídicas em geral, inclusive as pessoas a elas equiparadas pela legislação do Imposto de Renda, exceto as microempresas e as empresas de pequeno porte submetidas ao regime do Simples Nacional (LC nº 123/2007), que recolhem a contribuição, além de outros tributos federais (IRPJ, CSLL, PIS, IPI, e agora incluem-se o ICMS e o ISS) num único código de arrecadação que abarca todos esses tributos.

A incidência do Cofins é direta e não cumulativa, com apuração mensal. As empresas que apuram o lucro pela sistemática do Lucro Presumido, no entanto, sofrem a incidência da Cofins pela sistemática cumulativa. Algumas atividades e produtos específicos também permaneceram na sistemática cumulativa. Existem até mesmo empresas que se sujeitam à cumulatividade sobre apenas parte de suas receitas. A outra parte sujeita-se à sistemática não cumulativa. Essas particularidades tornam esse tributo, juntamente com a Contribuição para o PIS, extremamente complexo para o contribuinte e também para o fisco, além do que ele constitui-se no segundo maior tributo em termos arrecadatórios no Brasil pela Secretaria de Receita Federal, logo após o Imposto de Renda. Podemos ainda implicar na Cofins dois sujeitos. O sujeito ativo (o ente federativo tributante) e o sujeito passivo (o contribuinte).

Existe incidência da Cofins sobre as importações.

Gabarito: D

4. **(Cespe/UnB/Antaq/2009) Julgue os itens a seguir relativos à definição, às finalidades básicas e à natureza jurídica do tributo.**
    a) **Tributo é toda prestação pecuniária sancionatória de ato ilícito.**
    b) **Os tributos não têm apenas finalidade fiscal, que é arrecadar recursos para o Estado, pois algumas espécies tributárias têm finalidade extrafiscal, que tem o escopo de estimular ou desestimular o uso ou consumo de determinados produtos ou mercadorias.**
    c) **A natureza jurídica específica do tributo é determinada pelo fato gerador da respectiva obrigação, devendo-se considerar, necessariamente, para qualificá-la, a destinação legal do produto de sua arrecadação.**

Comentários

A assertiva A está incorreta porque o Código Tributário Nacional postula, em conformidade com o art. 3º, que tributo é toda prestação pecuniária compulsória, em moeda ou cujo valor nela se possa exprimir, que não constitua sanção de ato ilícito, instituída em lei e cobrada mediante atividade administrativa plenamente vinculada. Por prestação pecuniária, cabe o entendimento de que o tributo é pago em dinheiro, ou seja, a lei visa garantir ao Estado os recursos financeiros para custear suas despesas correntes e de capital. E, por compulsória, vale o registro do pagamento do tributo independer da vontade do contribuinte, se originando direto da lei. Já sobre a expressão "que não constitua sanção de ato ilícito", queremos dizer que a incidência do tributo se constitui sempre em um ato lícito, isto é, tributo não é penalidade. Não importa aqui a maneira como ocorreu o fato gerador. Cabe ainda registrar que o tributo deve ser instituído por lei, ou seja, só a lei pode criá-lo. É a consagração do princípio da legalidade, art. 150, inciso I, da Constituição Federal, que roga que nenhum tributo será exigido sem que a lei o estabeleça. E, finalmente, a cobrança deve ser feita mediante atividade administrativa plenamente vinculada, exigindo que a lei tributária seja exaustiva, não deixando resquício algum para autoridade administrativa. A lei expressa o fato gerador da obrigação tributária, a base de cálculo, a alíquota, o prazo para pagamento etc.

A assertiva B está correta porque os tributos apresentam a função fiscal ou arrecadatória que representa a arrecadação de recursos ou entrada de dinheiro nos cofres públicos. Contudo, alguns tributos, como a Cide – Contribuição de Intervenção no Domínio Econômico, o IPI – Imposto sobre produtos industrializados, o II – Imposto de importação, dentre outros, apresentam função de intervenção no domínio econômico, de regulação da economia, ou seja, revelam a função extrafiscal do tributo. Por exemplo, a imposição de um IPI mais alto sobre bebidas e fumo serve para desestimular o consumo desses produtos potencialmente viciosos.

A assertiva C está incorreta porque a natureza jurídica específica do tributo é determinada pelo fato gerador da respectiva obrigação, não devendo-se considerar, necessariamente, para qualificá-la, a destinação legal do produto de sua arrecadação.

Gabarito: FVF

5. **(Cespe/UnB/Antaq/2009) Julgue os itens que se seguem acerca das espécies de tributo.**

   a) **As taxas cobradas pelos estados, no âmbito de suas respectivas atribuições, podem ter como fato gerador a utilização, efetiva ou potencial, de serviço público específico e divisível, prestado ao contribuinte.**

   b) **Ao contrário do que ocorre com os impostos, as taxas são conhecidas como tributos não vinculados.**

Comentários

A assertiva A está correta porque do art. 145, inciso II, da CF e do art. 77 do CTN infere-se que a taxa é espécie de tributo cujo fato gerador é o exercício regular do poder de política ou o serviço público, prestado ou posto à disposição do contribuinte.

Como exemplo de taxas temos: a licença para localização e funcionamento de atividade empresarial, cobrada pelos entes municipais, a taxa de licença cobrada para publicidade por meio de outdoors, licença para construção de edificações, dentre outras.

O art. 145, inciso II, da CF, estabeleceu que a União, os estados, o Distrito Federal e os municípios poderão instituir taxas, em razão do exercício do poder de polícia ou pela utilização, efetiva ou potencial, de serviços públicos específicos e divisíveis, prestados ao contribuinte ou postos à disposição.

Para que o serviço público possa servir como fato gerador da taxa, deve preencher as seguintes lacunas:

i) ser específico e divisível;
ii) ser prestado ao contribuinte ou posto à sua disposição;
iii) ser utilizado, efetiva ou potencialmente pelo contribuinte.

A assertiva B está incorreta porque o tributo é gênero apresentando como espécies: os impostos, as taxas e as contribuições de melhoria. O tributo pode ter como fato gerador tanto uma situação independente de qualquer atividade estatal específica, como é o caso dos impostos, chamados de tributos não vinculados em que sua cobrança não está ancorada em qualquer ordem de atuação ou atividade do Estado, quanto uma atuação específica estatal relativa ao contribuinte, como é o caso dos tributos vinculados (taxas e contribuições de melhoria).

Gabarito: VF

6. **(Esaf/APO/MPOG/2010) Uma das principais formas de política econômica é a Política Fiscal. Com relação à política fiscal, identifique a única opção incorreta.**
    a) Em períodos inflacionários, o imposto progressivo contribui para reduzir o crescimento na renda disponível e na demanda do setor privado.
    b) A ação do governo complementa a ação do mercado no que diz respeito à função estabilizadora, promovendo a alocação de recursos na economia.
    c) A tributação imposta pelo governo aos bens e serviços incide sobre o fluxo dos produtos no sistema de mercado; essa tributação é denominada como indireta.
    d) O mecanismo da tributação, associado às políticas orçamentárias, intervém diretamente na alocação dos recursos, na distribuição de recursos na sociedade, podendo reduzir também as desigualdades na riqueza, na renda e no consumo.
    e) As mudanças demográficas são uma importante variável para explicar as alterações e o crescimento dos gastos públicos, seja pelo acréscimo absoluto da população ou por sua própria distribuição etária.

Comentários

A **assertiva A está correta** porque a tributação progressiva (paga mais quem ganha mais; paga menos quem aufere menores rendimentos), em períodos inflacionários, contribui para reduzir o crescimento da renda da coletividade após a quitação das obrigações fiscais porque a inflação corrói o poder aquisitivo da sociedade, à exceção daquela camada que tem como se proteger via aplicações bancárias.

A **assertiva B está incorreta** porque a ação do governo complementa a ação do mercado no que diz respeito à função alocativa (e não estabilizadora), promovendo a alocação de recursos na economia. A função estabilizadora, por sua vez, está relacionada à manutenção da estabilidade de preços e salários da economia, promovendo o pleno emprego dos fatores de produção.

A **assertiva C está correta** porque a tributação indireta é aquela que incide sobre a produção e o consumo, isto é, o contribuinte de fato pode ser diferente do contribuinte de direito porque ocorre a transferência do ônus tributário (parcial ou total) do produtor/vendedor para o consumidor.

A **assertiva D está correta** porque a função clássica de redistribuição de renda ou distributiva do Estado está relacionada à transferência de renda e canais de subsídios fiscais, visando à desconcentração de renda na economia.

A **assertiva E está correta** porque os modelos de Musgrave, Rostow e Herber associam os estágios de desenvolvimento e o crescimento dos gastos públicos. Tais modelos tentam associar o crescimento dos gastos públicos com os estágios de crescimento do país.

Musgrave pontuou que a eficiente estrutura do setor público variará de acordo com o estágio de desenvolvimento do país, medido pelo crescimento da renda *per capita*.

Para Musgrave, a formação bruta de capital do setor público coloca-se como importante fator nos estágios embrionários de desenvolvimento e crescimento do país. Aqui, os investimentos do setor público são significativos frente ao investimento total, uma vez que há demandas/necessidades de infraestruturas sociais e econômicas básicas como estradas, educação, saúde, transporte, comunicações. Já nos estágios intermediários de desenvolvimento econômico e social, o setor público passa a desempenhar papel de complementação ao crescimento significativo dos investimentos no setor privado. E, finalmente, nos estágios evoluídos de desenvolvimento econômico, a relação investimentos públicos/investimentos privados volta a crescer face ao peculiar estágio de renda e suas necessidades de capital.

Já Rostow adota uma linha particular de interpretação do estágio final de desenvolvimento econômico associado com os gastos públicos. Associa essa relação aos gastos de investimentos nos "serviços sociais", que crescerão relativamente mais que proporcionalmente a outros itens de gastos. Herber, por sua vez, desenvolve a Lei de Wagner e associa a participação e o crescimento dos gastos públicos com os estágios de industrialização do país.

Gabarito: B

7. (Esaf/Treinamento avançado/AFRFB/2009) "A carga fiscal do Brasil é uma das mais altas do planeta. O fosso tributário está na questão da distribuição dessa carga que onera pesadamente os mais pobres através da preferência pela tributação indireta. Os tributos sobre a renda e o patrimônio estão muito aquém da possibilidade de contribuição da coletividade. Vários tributos como o IGF (imposto sobre Grandes Fortunas) não foram instituídos, e falta vontade política". (Carta de um leitor à *Revista Veja* em setembro de 2008). Marque a assertiva incorreta sobre o tema em pauta.

   a) A carga fiscal progressiva é aquela em que a alíquota marginal excede a alíquota média, isto é, o percentual do imposto pago cresce com o aumento da renda. O padrão de distribuição de renda torna-se menos desigual.
   b) A carga fiscal homogênea é característica de alíquotas uniformes e invariáveis conforme os movimentos de renda da coletividade. É o sistema considerado neutro.
   c) A carga fiscal progressiva acarreta um efeito substituição com impacto da diminuição do salário adicional por horas trabalhadas.
   d) A carga fiscal regressiva desestimula em larga escala a maior oferta de trabalho e produção em benefício do lazer.
   e) Alíquotas marginal e média são coincidentes em se tratando de sistemas tributários proporcionais ou neutros.

Comentários

A assertiva A está correta porque um sistema tributário é progressivo se a alíquota marginal exceder a alíquota média, ou se a alíquota média for uma função crescente da renda, o que é a mesma coisa. Reflete que o crescimento do imposto é maior comparativamente ao aumento da renda. A aplicação desse sistema altera o padrão de distribuição de renda, tornando-o menos desigual. O percentual do imposto pago cresce com o avançar do nível da renda.

As assertivas B e E estão corretas porque um sistema tributário proporcional é aquele em que as alíquotas marginal e média são iguais, ou seja, o imposto cresce na mesma proporção que o incremento observado na renda. A aplicação do sistema proporcional não altera em nada o padrão de distribuição de renda da coletividade, e o percentual do imposto a ser pago permanece intacto para qualquer nível de renda.

A **assertiva C está correta** porque com uma estrutura tributária ancorada em alíquotas que crescem ao sinal de elevação do nível de renda, denominamos essa carga tributária como progressiva. Essa tipologia acarreta um efeito substituição com impacto de diminuição do salário adicional por horas trabalhadas, fazendo com que o trabalhador prefira mais horas de lazer, afetando negativamente a oferta de trabalho. Ora, o empresário ou empreendedor não quer ter como sócio majoritário o setor público. Dessa forma, não irá fazer esforço adicional para praticamente "entregar" os lucros aos governos federal, estadual e municipal.

A **assertiva D está incorreta** porque com uma estrutura tributária ancorada em alíquotas decrescentes com o incremento da renda, a carga tributária será considerada regressiva. Essa estrutura incentiva em larga escala uma maior oferta de trabalho e produção, pois quanto maior a produção e o faturamento, menor a carga tributária, isto é, menor a distribuição dos resultados e lucros com o governo.

Gabarito: D

8. **(Esaf/Treinamento avançado/AFRFB/2009) A inflação e o crescimento econômico afetam em grande monta a situação das contas públicas. A curva de Laffer bem como os efeitos Tanzi e Patinkin podem ser tomados como elementos enriquecedores do debate arrecadação tributária, contas públicas e inflação. Sobre o tema, assinale a assertiva correta.**

   a) A curva de Laffer sinaliza que o incremento contínuo e permanente das alíquotas do impostos de renda gera elevações na arrecadação, porém a taxas decrescentes até alcançar um ponto conhecido como "ponto ótimo de arrecadação" ou " nível máximo de arrecadação". Qualquer aumento de alíquotas a partir desse ponto é prejudicial ao governo, que terá como impacto redução das receitas tributárias, já que as pessoas preferem estar à margem da formalidade do que ter o setor público como sócio majoritário em seus empreendimentos. A oferta de trabalho e a produção vão se acelerar em detrimento do lazer.

   b) Existe uma defasagem proveniente das datas da ocorrência das transações (fato gerador) e do efetivo recolhimento dos tributos, em épocas de acelerada inflação. Esse fenômeno de perda real da receita pública em razão dessa defasagem denominamos de "efeito Patinkin", em homenagem aos dois economistas que estudaram de forma pioneira esse fenômeno.

   c) O efeito Patinkin vem a ser o efeito inverso ao efeito Tanzi. Enquanto para Oliveira e Tanzi a inflação sobre as contas públicas é prejudicial por reduzir a receita real do governo, incrementando ainda mais o déficit público, o efeito Patinkin sinaliza que a espiral inflacionária reduz o déficit público em razão da queda real nos gastos públicos.

d) Em regra, o efeito Patinkin atua do lado da arrecadação de impostos da política fiscal (reduzindo as entradas), e o efeito Tanzi atua sob o prisma do gasto governamental da política fiscal (reduzindo as saídas).
e) Não existe ponto ótimo de arrecadação na Curva de Laffer.

Comentários

As assertivas A e E estão incorretas porque existe ponto ótimo de arrecadação na Curva de Laffer quando esta sinaliza que o incremento contínuo e permanente das alíquotas do imposto de renda gera elevações na arrecadação, porém as taxas são decrescentes até alcançarem um ponto conhecido como "ponto ótimo de arrecadação" ou "nível máximo de arrecadação". Qualquer aumento de alíquotas a partir desse ponto é prejudicial ao governo, que terá como impacto redução das receitas tributárias, já que as pessoas preferem estar à margem da formalidade do que ter o setor público como sócio majoritário em seus empreendimentos. A oferta de trabalho e a produção vão se desacelerar em benefício do lazer. Há um custo de oportunidade entre lazer e trabalho! Diante de tributos escorchantes, as empresas e as pessoas optam simplesmente por sonegá-los, não por falhas morais, mas tão somente por uma questão de sobrevivência.

A assertiva B está incorreta porque existe uma defasagem proveniente das datas da ocorrência das transações (fato gerador) e do efetivo recolhimento dos tributos, em épocas de acelerada inflação. A esse fenômeno de perda real da receita pública em razão dessa defasagem denominamos "efeito Tanzi" ou "efeito Oliveira-Tanzi", em homenagem aos dois economistas que estudaram de forma pioneira esse fenômeno.

A assertiva C está correta. Atenção ao quadro a seguir:

Efeito Patinkin	Efeito Tanzi
Atua sobre os gastos (despesas) públicos	Atua sobre as receitas públicas
Favorável por reduzir os gastos	Prejudicial por reduzir as receitas
Queda no déficit público	Aumento no déficit público
Função: adiar compromissos legais	Função: indexação da economia

A assertiva D está incorreta porque em regra, o efeito Patinkin atua do lado do gasto governamental (retardando ao máximo as saídas) ao passo que o efeito Tanzi atua sob o prisma das receitas públicas.

Gabarito: C

9. **(Esaf/Treinamento avançado/AFRFB/2009) Sobre as circunstâncias em que o ônus tributário dos impostos cumulativos tende a ser maior, assinale a opção correta.**
   a) Quanto menor for o número de estágios na cadeia produtiva como é o caso do setor de serviços.
   b) Quanto maior for a relação entre valor agregado e o valor dos insumos.
   c) Quanto maior for a participação dos insumos importados na produção.
   d) Quanto maior for a formalidade nos elos da cadeia produtiva.
   e) Não há impostos cumulativos nas economias em desenvolvimento como no Brasil.

Comentários

A assertiva A está incorreta porque o ônus tributário é maior quanto maior for o número de estágios na cadeia produtiva de um produto: o setor de serviços, que usa poucos insumos, tende a ser menos afetado, ao passo que uma indústria com uma larga cadeia desde o insumo básico até o produto final é mais onerada. Anula-se assim a equidade horizontal, uma vez que estamos concedendo tratamento desigual a contribuintes de mesma capacidade financeira, com estímulo à integração vertical das empresas com perda de eficiência.

A assertiva B está incorreta porque o ônus tributário dos cumulativos é maior quanto menor for a relação entre valor agregado e o valor dos insumos: dado que a empresa paga impostos embutidos em todos os seus insumos, uma maior importância destes no custo final eleva a carga tributária, e o resultado é a distorção de preços relativos na economia.

A assertiva C está incorreta porque o ônus fiscal se agiganta na cadeia dos cumulativos quanto menor for a participação de insumos importados na produção (nos casos em que o tributo não incida ou incida parcialmente sobre as importações), o que estimula o uso de insumos importados em detrimento dos fornecedores nacionais.

A assertiva D está correta porque o ônus fiscal para os cumulativos se agiganta quanto maior for a formalidade nos elos da cadeia produtiva, pois quem compra insumos de fornecedores que não pagam impostos acumula menor carga fiscal sobre sua produção, o que estimula a informalidade e a evasão fiscal.

A assertiva E está incorreta porque desde os anos 90, há o uso crescente de contribuições sociais, altamente produtivas em termos de geração de receita (e legalmente não compartilhadas com estados e municípios), de baixo custo de arrecadação para o erário, porém geradoras de todas as distorções associadas aos tributos cumulativos. Quesitos como eficiência, harmonia com padrões internacionais e equidade (principalmente a equidade horizontal) ficaram em segundo plano.

Gabarito: D

Capítulo 3 — Impostos, taxas, contribuições fiscais e parafiscais. Tipos de impostos. Diretos e indiretos. Impactos sobre...

10. **(Esaf/Treinamento avançado/AFRFB/2009) A microeconomia estuda também os impactos dos impostos sobre o consumidor e o produtor através das elasticidades. Esse estudo é "emprestado" às Finanças Públicas para seu melhor entendimento. A Curva de Laffer já é um tema macroeconômico que interessa diretamente aos formuladores de política tributária. A respeito dos dois assuntos em pauta, assinale a opção correta.**

   a) A incidência econômica ou de fato é aquela que recai sobre o agente que tem a obrigação de recolher o tributo, ao passo que a incidência jurídica ou legal é aquela que recai em cima de quem arca com o ônus fiscal, em realidade.

   b) Se a elasticidade da demanda for zero (demanda inelástica), a transferência do ônus tributário para o comprador não ocorrerá, isto é, o produtor arcará com todo o peso fiscal.

   c) Se a curva de demanda for totalmente horizontal, logo, haverá transferência plena do ônus fiscal para o consumidor, isto é, o consumidor pagará por todo o incremento de preço do produto.

   d) A curva de Laffer demonstra uma relação entre arrecadação tributária e inflação, sinalizando que os efeitos Patinkin e Tanzi são complementares.

   e) A curva de Laffer sinaliza que imposto demais é contraproducente, não enchendo os cofres do Tesouro, mas esvaziando. O peso dos tributos encarece as mercadorias, o que afasta uma parte dos consumidores, bem como a partir de certo nível de tributação, o risco de sonegar pode passar a compensar ou mesmo ser a única forma de sobrevivência para a empresa.

Comentários

A assertiva A está incorreta porque a incidência econômica ou de fato é aquela que recai sobre o agente que arca com o tributo propriamente dito, isto é, o agente que aluga o apartamento do proprietário e quita o IPTU todo mês conforme contrato de aluguel firmado entre as partes. Já a incidência legal ou jurídica é aquela que recai sobre o agente que tem a obrigação legal de recolher o tributo, isto é, sobre o proprietário do imóvel, de acordo com o cadastro do IPTU para o agente fazendário do município. Os conceitos foram invertidos na assertiva.

A assertiva B está incorreta porque se a elasticidade da demanda for zero; isto é, curva de demanda totalmente vertical (totalmente inclinada), a transferência do imposto para o consumidor será plena, no sentido de que o nível de preços aumenta à mesma taxa que a alíquota do imposto.

Demanda infinitamente inelástica (Ep = 0): a curva de demanda é totalmente vertical (inclinada), o que sinaliza uma quantidade demandada integralmente insensível a variações de preço.

Demanda Infinitamente Inelástica.

P

Ep = 0 (demanda infinitamente inelástica)

Q

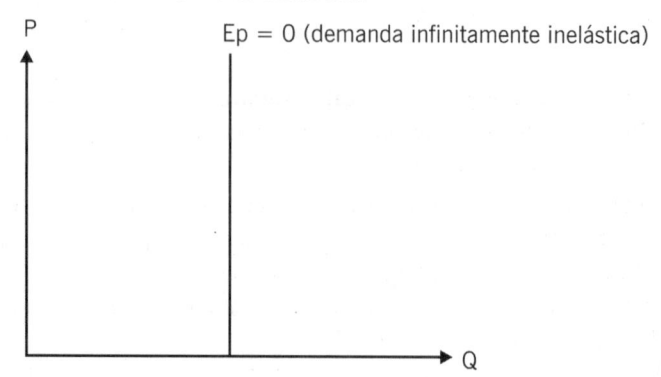

A assertiva C está incorreta porque, quanto menos inclinada a curva de demanda (curva de demanda totalmente horizontal ou elasticidade infinita), menor a proporção de imposto pago pelo consumidor. O produtor tem de arcar com praticamente todo o ônus fiscal.

Demanda infinitamente elástica (Ep tende ao infinito): a curva de demanda é inteiramente horizontal ao nível de preço, e a quantidade demanda é totalmente sensível a variações de preço.

Demanda Infinitamente Elástica.

P

Ep tende ao infinito (demanda infinitamente elástica)

Q

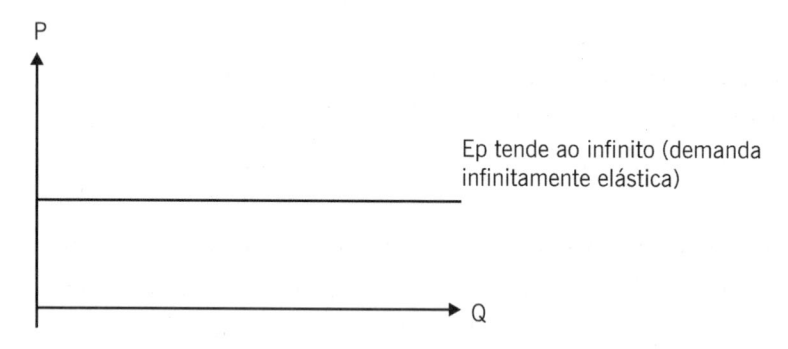

A assertiva D está incorreta porque a curva de Laffer estabelece uma relação entre arrecadação tributária e alíquota tributária, não levando em conta os aspectos da inflação no crescimento econômico. Efeitos Tanzi e Patinkin representam relação entre imposto e inflação.

A assertiva E está correta porque Laffer analisa a política tributária em seu país, desenvolvendo um trabalho com o qual chega a uma interessante, porém óbvia, conclusão: quando o nível dos impostos passa de um certo limite, a arrecadação do governo em vez de aumentar começa a diminuir. E tanto mais diminui quanto mais se aumentam as alíquotas dos tributos.

11. **(Esaf/APO-SP/2009) Por política fiscal, entende-se a atuação do governo no que diz respeito à arrecadação de impostos e aos gastos públicos. Com relação à tributação, não é correto afirmar:**

   a) os tributos específicos e *ad valorem* são exemplos clássicos de impostos diretos;
   b) o sistema tributário é dito progressivo quando a participação dos impostos na renda dos indivíduos aumenta conforme a renda aumenta;
   c) o sistema tributário é considerado proporcional quando se aplica a mesma alíquota do tributo para os diferentes níveis de renda;
   d) a aplicação de um sistema de imposto regressivo afeta o padrão de distribuição de renda, tornando-a mais desigual;
   e) conforme aumenta a renda dos indivíduos e a riqueza da sociedade, aumenta a arrecadação de impostos diretos.

Comentários

A assertiva A está incorreta porque os tributos específicos e *ad valorem* são exemplos clássicos de impostos indiretos.

A assertiva B está correta porque o sistema tributário é dito progressivo quando a carga fiscal cresce com o avanço das disponibilidades de riqueza e renda do indivíduo. É o princípio da capacidade de pagamento ou contribuição, também chamado progressividade em finanças públicas.

A assertiva C está correta porque o sistema tributário é tido como neutro ou proporcional quando a carga fiscal é a mesma, independente do nível de renda do indivíduo. Não altera o padrão de distribuição de renda, ou seja, mantém o *status quo*.

A assertiva D está correta porque um sistema tributário regressivo afeta a distribuição de renda, tornando-a mais desigual, uma vez que quanto maior a renda, menor o peso fiscal para o indivíduo. Aqueles que possuem maior estoque de riqueza e fluxos de rendas apresentam menor pagamento de tributos, concentrando ainda mais a renda da coletividade. Nega qualquer princípio da equidade ou justiça fiscal.

A assertiva E está correta porque quanto maior a renda e riqueza da sociedade, maior a arrecadação de impostos diretos, que incidem sobre o patrimônio e a riqueza como o IR, o IPTU, o IPVA.

Gabarito: A

12. (Esaf/Analista Contábil/Sefaz-CE/2006-2007) De acordo com a Teoria das Finanças Públicas, assinale a única opção falsa no que diz respeito a efeitos e relações da inflação no déficit público e na carga tributária.

a) Uma forma que os governos encontram para minimizar o efeito Tanzi é adotar a desindexação do sistema tributário.
b) A senhoriagem é definida como receita total do governo oriunda do aumento da base monetária.
c) Existe um nível de inflação que maximiza a receita do imposto inflacionário e, a partir desse ponto, a queda da base de arrecadação mais que compensa o aumento da inflação, que funciona como a alíquota do imposto.
d) O efeito Tanzi defende que a inflação reduz a receita tributária em termos reais em decorrência da defasagem entre o fato gerador do imposto e sua efetiva coleta.
e) Uma das principais fontes de financiamento do déficit público é a emissão monetária, podendo-se afirmar que um excesso de aumento da oferta de moeda na economia gera aumento dos preços e dos detentores da moeda acabam arcando com uma redução em seu poder aquisitivo.

Comentários

A correção monetária ou indexação nunca é completa e muito menos uniforme, de sorte que as diferentes rendas (salários, juros, aluguéis e lucros) são afetadas de forma bastante desigual.

O governo procura se proteger da corrosão inflacionária, minimizando as perdas reais de arrecadação tributária, demonstrando a sua habilidade em antecipar a taxa de inflação e criar ferramentas de defesa contra ela.

Existe uma defasagem proveniente das datas da ocorrência das transações (fato gerador) e do efetivo recolhimento dos tributos, em épocas de acelerada inflação. A esse fenômeno de perda real da receita pública em razão dessa defasagem denominamos "efeito Tanzi".

O governo aplica formas de indexação (e não desindexação, como roga a assertiva) de suas receitas tributárias como a Ufir (unidade fiscal de referência) bem como tributos e contribuições sobre o faturamento das empresas, gerando o efeito cascata e tornando o sistema tributário ainda mais perverso e de qualidade técnica pior.

Gabarito: A

Capítulo 3 — Impostos, taxas, contribuições fiscais e parafiscais.
Tipos de impostos. Diretos e indiretos. Impactos sobre...

13. **(Esaf/AFRF/2005) O sistema tributário nacional é bastante complexo, tanto pelo grande número de impostos que incidem sobre os mais diversos fatos geradores como pela sua estrutura. Assinale a única opção falsa no que tange aos tipos e às características dos impostos no Brasil.**
    a) Os impostos específicos são aqueles cujo valor do imposto é fixo em termos monetários.
    b) O imposto sobre produtos industrializados (IPI) é de competência da União e possui alíquotas bastante diferenciadas, de acordo com critérios de essencialidade do bem e com objetivos de arrecadação ou política industrial.
    c) Os impostos do tipo *ad valorem* são aqueles em que há uma alíquota de imposto e o valor arrecadado depende da base sobre a qual incide.
    d) Os impostos *ad valorem* são pró-cíclicos.
    e) O Imposto sobre Circulação de Mercadorias e Serviços (ICMS) corresponde ao antigo imposto sobre circulação de mercadorias (ICM), com a incorporação de novos itens como fatos geradores do imposto: transportes, energia elétrica, combustíveis e telecomunicações.

Comentários

A assertiva A está correta porque os impostos específicos são aqueles em que se multiplica o valor da alíquota pelo valor constante no campo quantidade na unidade de medida.

A assertiva B está correta porque, embora o IPI seja de competência federal, considerável parcela proveniente da arrecadação de tal tributo é transferida compulsoriamente aos estados, Distrito Federal e aos municípios em consonância com o dispositivo constitucional art. 159, incisos I e II.

Cabe registrar também que o IPI é um imposto seletivo em função da essencialidade do produto, como disposto no art. 153, § 2º, inciso IV, da CF. As alíquotas do IPI são estabelecidas variando desde zero (não sofre temporariamente o ônus do tributo) até 365%.

A função notoriamente extrafiscal ressaltada não impede que o citado tributo tenha também concomitantemente função fiscal em razão do expressivo quantitativo de recursos públicos arrecadados, notadamente, sobre os setores automobilístico, de fumo e bebidas.

A assertiva C está correta porque os impostos *ad valorem* têm por base o faturamento, a receita bruta ou o valor da operação e, no caso de importação, o valor aduaneiro.

A assertiva E está correta porque o imposto sobre operações relativas à circulação de mercadorias e serviços (ICMS) é de competência estadual, sendo a principal receita para os cofres públicos estaduais.

A assertiva D está incorreta porque quem são pró-cíclicos são os impostos específicos.

Gabarito: D

14. (Esaf/AFC/STN/2005) Segundo a teoria da tributação, aponte a opção falsa no que concerne aos tributos diretos e indiretos.
a) Os tributos diretos incidem sobre os rendimentos dos indivíduos.
b) Os tributos diretos estão associados à capacidade de pagamento de cada contribuinte.
c) As bases de incidência dos impostos são a renda, o patrimônio e o consumo.
d) Caso os impostos diretos tenham participação relativa maior no total da arrecadação fiscal, as camadas mais pobres estariam dando maior contribuição para o bolo tributário.
e) O imposto sobre a renda se coloca como o melhor exemplo dos tributos diretos.

Comentários

Caso os impostos diretos tenham participação relativa maior no total da arrecadação tributária, isto é, se o sistema tributário tivesse a predominância de impostos diretos, as camadas mais pobres seriam menos oneradas em função do sistema proporcional ou progressivo de tributos. Em tributação direta, diferentemente da indireta, não há possibilidade de transferência do ônus tributário. Altera-se assim o padrão de distribuição de renda, tornando-o menos desigual e interferindo menos nas decisões dos agentes sobre trabalho/lazer e consumo/poupança.

Gabarito: D

15. (Esaf/AFC/CGU/2004) De acordo com a teoria da tributação, aponte a única opção incorreta.
a) Os impostos específicos são aqueles cujo valor do imposto é fixo em termos monetários.
b) Os impostos *ad-valorem* são aqueles em que se tem uma alíquota de imposto e o valor arrecadado depende da base sobre a qual incide.
c) Os impostos específicos são pró-cíclicos.
d) O sistema tributário deve poder conter o processo de crescimento desajustado, atuando, muitas vezes, de forma contracíclica.
e) Um sistema tributário é progressivo quando a participação dos impostos na renda dos agentes diminui conforme a renda aumenta.

Comentários

A assertiva E está incorreta porque é importante ter em mente que a forma cíclica da economia corresponde à extensão de todo um ciclo completo da economia que é formado por períodos de bonança e prosperidade seguindo épocas de desalento, inatividade e recessão. A economia é cíclica para esses estudiosos.

O sistema tributário pode atuar de forma contracíclica, procurando ajustar o ritmo de atividade, fazendo um verdadeiro "pente fino". Senão, vejamos!

Quando se tem um período de prosperidade com muito emprego, muito consumo, muitas vendas, o governo pode ter receio da volta de inflação e busca refrear esse aquecimento da economia. Realiza, portanto, uma política fiscal contracionista, anti-inflacionária, através da queda dos gastos públicos e, principalmente, da elevação de impostos, reduzindo a renda disponível da coletividade. Dessa forma, o risco da volta da inflação é menor, mas à custa de uma possível retração e recessão. O governo atuou contra o ciclo de negócios.

Por outro lado, se a economia está com altas taxas de desemprego, poucas vendas e reduzido consumo, faz-se possível a utilização da política fiscal expansionista, com aumento de gastos públicos e queda de impostos, objetivando retomar a atividade da economia com emprego e renda maior da coletividade.

Impostos pró-cíclicos são aqueles capazes de determinar a extensão do ciclo econômico (etapas de retomada da demanda agregada e fases de estagnação e recessão da economia, ou seja, forma-se o ciclo: retomada, depressão, aquecimento...)

Os impostos *ad-valorem* não são pró-cíclicos, pois sua arrecadação é que apresenta a tendência singular de ser afetada pelas flutuações da demanda agregada e dos negócios, e não o inverso. A arrecadação de impostos como ICMS, ISS e IPI é influenciada pelo ritmo de atividade econômica e não o inverso. Já para os impostos diretos, como é caso singular do Imposto de Renda (IR), a arrecadação dita de forma direta as flutuações de demanda agregada. São verdadeiros estabilizadores automáticos da economia!

Um sistema tributário é progressivo se a alíquota marginal exceder a alíquota média, ou se a alíquota média for uma função crescente da renda, o que é a mesma coisa. Reflete que o crescimento do imposto é maior comparativamente ao aumento da renda. A aplicação desse sistema altera o padrão de distribuição de renda, tornando-o menos desigual. O percentual do imposto pago cresce com o avançar do nível da renda.

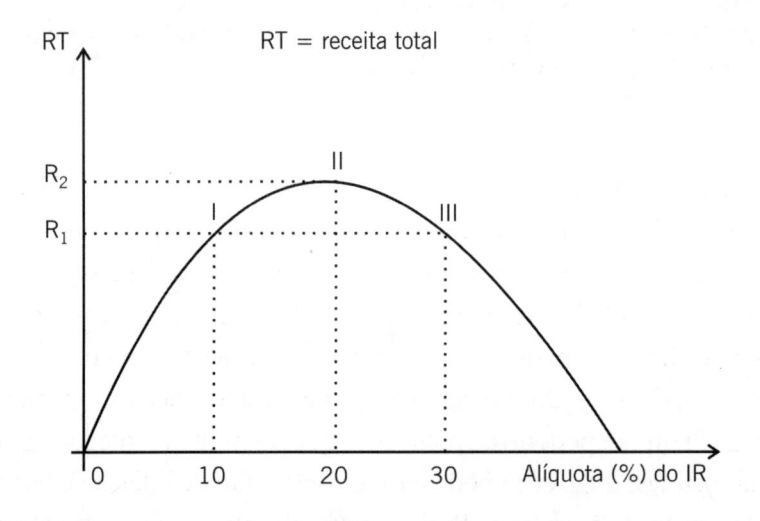

Gabarito: E

16. (Esaf/AFRF/2003) As contribuições sociais, de intervenção no domínio econômico e de interesse das categorias profissionais ou econômicas, obedecem a algumas exigências e princípios constitucionais. Aponte qual contribuição tem como fato gerador o faturamento operacional das empresas privadas com ou sem fins lucrativos e a utilização do trabalho assalariado ou de quaisquer outros que caracterizem a relação de trabalho.
   a) Contribuição para o Financiamento da Seguridade Social (Cofins).
   b) Contribuição para o Programa de Integração Social (PIS).
   c) Contribuição Social sobre o Lucro líquido da Pessoa Jurídica (CSLL).
   d) Contribuição Provisória sobre a Movimentação Financeira (CPMF).
   e) Contribuição para o Programa de Integração Nacional (PIN).

Comentários

Questão que se afasta do conteúdo requisitado no edital e exige conhecimentos profundos das diversas contribuições (sociais, de intervenção no domínio econômico e de interesse das categorias profissionais e econômicas).

O Programa de Integração Social (PIS) e o Programa de Formação do Patrimônio do Servidor Público (Pasep) foram instituídos, respectivamente, pelas Leis Complementares n.ºs 7/1970 e 8/1970. Atualmente, são denominadas, unificadamente, contribuições para o PIS/Pasep, ou meramente, PIS. Visam financiar o seguro-desemprego e o abono anual de um salário-mínimo aos trabalhadores que recebam até dois salários-mínimos de remuneração mensal. Por serem contribuições sociais, encontram respaldo na regra matriz do art. 149 da CF.

Existem três diferentes modalidades de contribuição para o PIS, variando o fato gerador conforme a modalidade:
- PIS sobre o faturamento: é a regra geral, incidente sobre a receita bruta das pessoas jurídicas de direito privado, inclusive as instituições financeiras. O fato gerador é a obtenção de faturamento.
- PIS sobre a folha de salários: o fato gerador é o pagamento de salários pelas entidades sem fins lucrativos, definidas como empregadoras pela legislação trabalhista.
- PIS sobre receitas e transferências correntes de capital recebidas: o fato gerador é a arrecadação mensal das receitas correntes, receitas de capital e transferência recebidas. Estão sujeitas as pessoas jurídicas de direito público interno.

Gabarito: B

17. **(Esaf/Gestor Governamental/2002) Considerando que a relação entre receita tributária e taxa de impostos se comporta de acordo com a Curva de Laffer, pode-se afirmar que:**
   a) não existe taxa de impostos que torna máxima a receita tributária;
   b) a receita tributária é sempre crescente em relação à taxa de impostos;
   c) não é possível ter uma mesma receita tributária para duas taxas de impostos diferentes;
   d) é impossível elevar a receita tributária reduzindo a taxa de impostos;
   e) seu formato depende em grande parte da opção entre renda e lazer dos consumidores.

Comentários

A **assertiva A está incorreta** porque existe uma taxa (alíquota) de impostos que torna máxima a arrecadação para os cofres públicos. É o ponto ótimo de arrecadação. É o ponto de inflexão da curva.

A **assertiva B está incorreta** porque a receita tributária é crescente em relação às alíquotas dos impostos até o ponto ótimo de arrecadação. A partir desse ponto, temos o intervalo proibitivo de tributação em que a receita tributária passa a ser decrescente face às taxas.

A **assertiva C está incorreta** porque é possível a adoção de uma mesma receita tributária para duas taxas (alíquotas diferentes). Uma alíquota de 0 ou de 100% da renda tributária corresponde a uma arrecadação nula para os cofres públicos. No primeiro caso porque nada está sendo tributado e os indivíduos podem assumir que suas rendas representam também as rendas disponíveis. No segundo caso, os indivíduos se recusam a ofertar trabalho porque toda a renda será tributada, isto é, todos os esforços dos trabalhadores se traduzirão em recursos para os cofres públicos.

A **assertiva E está correta e a assertiva D está incorreta** porque o formato da curva de Laffer depende fundamentalmente da opção entre renda e lazer dos consumidores bem como do conflito entre consumo e poupança destes. Em se tratando da faixa normal de tributação (intervalo crescente da curva), crescimentos de alíquotas tributárias representam incrementos de arrecadação para os cofres públicos porque há incentivo à oferta de trabalho e produção em detrimento do lazer. Já quando se tem a faixa proibitiva de tributação (intervalo decrescente da curva), aumentos de alíquotas sinalizam menores receitas tributárias, desestimulando a oferta de trabalho e a produção, uma vez que ninguém quer ter como sócio o governo. O lazer passa a ser privilegiado em detrimento do trabalho.

Gabarito: E

18. **(Esaf/AFCE/TCU/2002) O efeito Patinkin sugere que a elevação dos preços pode proporcionar a redução do déficit público por meio da queda real dos gastos públicos. Identifique qual medida que, tomada pelo governo, não reduz o déficit público.**

   a) Adiar pagamentos em um regime inflacionário.
   b) Postergar aumentos de salários em um ambiente de aceleração inflacionária.
   c) Utilizar a inflação na contribuição da redução real de receita.
   d) Administrar os recursos na "boca do caixa".
   e) Usar o efeito Patinkin para acomodar *ex ante*, pela Lei Orçamentária, o conflito distributivo de recursos entre os vários setores, como educação, saúde, entre outros.

Comentários

O efeito Patinkin se refere exclusivamente aos efeitos da inflação sobre os gastos governamentais, procurando se utilizar do processo de ascensão de preços como aliado na redução dos gastos públicos através do atraso na quitação de compromissos legais.

Já os efeitos da inflação sobre as receitas tributárias via mecanismos de indexação são estudados no efeito Tanzi e não estão, portanto, relacionados no efeito Patinkin.

Atenção a este quadro:

Efeito Patinkin	Efeito Tanzi
Atua sobre os gastos (despesas) públicos	Atua sobre as receitas públicas
Função: adiar compromissos legais	Função: indexação da economia

Gabarito: C

19. **(Esaf/Analista de Planejamento e Orçamento/MPOG/2002) Com base nos sistemas de tributação, aponte a opção falsa.**

   a) Em um sistema de impostos proporcionais, a alíquota média é menor que a alíquota marginal.
   b) Em um sistema de impostos proporcionais, as alíquotas marginal e média dos impostos permanecem as mesmas quando a renda se eleva.
   c) Em um sistema de impostos regressivos, a alíquota média é maior que a alíquota marginal.
   d) Em um sistema de impostos regressivos, as alíquotas marginal e média dos impostos reduzem-se quando a renda se eleva.
   e) Em um sistema de impostos progressivos, as alíquotas marginal e média dos impostos aumentam quando a renda se eleva.

Comentários

A assertiva A está falsa e a assertiva B está correta.

Um sistema tributário proporcional é aquele em que as alíquotas marginal e média são iguais, ou seja, o imposto cresce na mesma proporção que o incremento observado na renda. A aplicação do sistema proporcional não altera em nada o padrão de distribuição de renda da coletividade, e o percentual do imposto a ser pago permanece intacto para qualquer nível de renda. É o sistema considerado neutro sob o ponto de vista de não interferir nas decisões dos agentes sobre as opções de trabalho e lazer, consumo e poupança.

A assertivas C e D estão corretas porque em um sistema tributário regressivo, vale registrar que a alíquota marginal é inferior à alíquota média ou que a alíquota média é função decrescente da renda. Reflete um crescimento do imposto menor quando comparado ao incremento da renda. No sistema regressivo, altera-se o padrão de distribuição da renda, tornando-a mais desigual. O percentual do imposto a ser pago diminui com o aumento da renda.

A assertiva E está correta porque um sistema tributário é progressivo se a alíquota marginal exceder a alíquota média, ou se a alíquota média for uma função crescente da renda, o que é a mesma coisa. Reflete que o crescimento do imposto é maior comparativamente ao aumento da renda. A aplicação desse sistema altera o padrão de distribuição de renda, tornando-o menos desigual. O percentual do imposto pago cresce com o avançar do nível da renda.

Gabarito: A

20. **(FGV/Auditor/Amapá/2010) Assinale a alternativa que indique corretamente um exemplo de imposto progressivo sobre a renda.**
    a) Uma alíquota de imposto sobre a renda de 15% para todos os níveis de renda.
    b) Uma alíquota de imposto sobre a renda de 15% para rendas abaixo de 10 mil reais e 10% para rendas acima de 10 mil reais.
    c) Uma alíquota de imposto sobre a renda de 15% para rendas acima de 10 mil reais somente.
    d) Uma alíquota de imposto sobre a renda T tal que T=1000/R, se R>1000 e T= 0,1 caso contrário, R é a renda.
    e) Uma alíquota de imposto sobre a renda próxima de 100% para todos os níveis de renda.

Comentários

A assertiva C está correta porque diz-se do imposto em que a alíquota aumenta à proporção que os valores sobre os quais incide são maiores.

Quer dizer, são impostos com um leque crescente de taxas; a taxa aplicável vai-se elevando, à medida que a renda aumenta, ou seja, ele onera as classes de mais alta renda. Grosso modo, o imposto progressivo pode ser considerado como uma combinação de um imposto *lump sum* sobre todos os indivíduos mais um imposto sobre o rendimento proporcional.

Podemos dizer ainda que a elasticidade-renda da tributação é maior que 1 em um sistema progressivo. Em um sistema regressivo, a elasticidade-renda é menor que 1. Finalmente, em um sistema proporcional a elasticidade-renda é igual a 1.

A elasticidade-renda da tributação é a relação entre a variação percentual da tributação causada por uma variação percentual da renda, sempre em módulo.

Gabarito: C

21. **(FGV/Auditor/Amapá/2010) Com a introdução de um imposto específico a ser pago pelo comprador sobre as vendas de um produto num mercado competitivo, assinale a alternativa correta.**
    a) O preço ao consumidor será diferente daquele se o imposto devesse ser pago pelo vendedor.
    b) Este imposto é totalmente repassado ao consumidor.
    c) A receita tributária deste imposto seria nula.
    d) Haveria mudanças no equilíbrio competitivo desse mercado, gerando uma perda de bem-estar.
    e) Os compradores deixam de comprar o produto.

Comentários

A assertiva D está correta porque o ônus de um imposto na economia deve ser absorvido por vendedores e consumidores em função de suas elasticidades; vale aquela regra do "PAGA MAIS QUEM É MAIS INELÁSTICO", lembram? Portanto a assertiva A está errada, porque independe de o enunciado dizer que o imposto foi pago por um ou por outro, os dois arcam na medida de suas elasticidades.

Um imposto específico desloca a curva de oferta para esquerda (retraindo), gerando um novo ponto de equilíbrio no mercado, cuja quantidade demandada é menor.

Há perdas de excedente tanto do produtor como do consumidor, e uma parte dessa perda é absorvida pelo governo (Receita Tributária), pois o que não é absorvido pela economia é que chamamos de perda de bem-estar ou Peso Morto.

Gabarito: D

Capítulo 3 — Impostos, taxas, contribuições fiscais e parafiscais. Tipos de impostos. Diretos e indiretos. Impactos sobre...

22. **(FGV/Fiscal/Amapá/2010)** Com a introdução de um imposto específico a ser pago pelo vendedor sobre as vendas de um produto num mercado competitivo, é correto afirmar que o preço ao consumidor será:
    a) maior do que aquele em que o imposto seja pago somente pelo comprador;
    b) parcialmente repassado ao consumidor e parcialmente assumido pelo vendedor;
    c) alterado porque a receita tributária desse imposto seria nula;
    d) mantido, uma vez que não haveria mudanças no equilíbrio competitivo desse mercado;
    e) mantido, porque os vendedores assumem o ônus da carga tributária.

Comentários

O ônus de um imposto na economia deve ser absorvido por vendedores e consumidores na medida de suas elasticidades. Por conseguinte, quando o enunciado não disser expressamente que "alguém" é perfeitamente elástico ou inelástico, o imposto será suportado tanto pelo consumidor quanto pelo fornecedor.

Gabarito: B

23. **(FGV/Auditor/Amapá/2010)** A partir da teoria de tributação ótima da renda, a respeito do efeito líquido da alíquota sobre o bem-estar social, considere as afirmativas a seguir.
    I. Quanto maior a preocupação social com a equidade, menor é o peso relativo atribuído às variações de utilidade dos indivíduos que perdem com o aumento do imposto, o que aumenta a chance de o incremento de imposto gerar um efeito positivo sobre o bem-estar social.
    II. Quanto maior a desigualdade de renda, menor o peso relativo que deve ser atribuído àqueles que possuem rendas maiores, o que aumenta a chance de o incremento de imposto gerar um efeito positivo sobre o bem-estar social.
    III. Quanto maior a elasticidade compensada da oferta de trabalho, maior a chance de o efeito líquido da receita arrecadada ser pequeno ou negativo, o que aumenta a chance de o incremento de imposto gerar um efeito positivo sobre o bem-estar social.

    Assinale:
    a) se apenas a afirmativa I estiver correta;
    b) se apenas a afirmativa II estiver correta;
    c) se apenas as afirmativas I e II estiverem corretas;
    d) se apenas as afirmativas II e III estiverem corretas;
    e) se todas as afirmativas estiverem corretas.

Comentários

A assertiva I está correta porque, em se tratando de um sistema de equidade ou justiça tributária, o peso da majoração de um tributo realmente impactaria menos o bem-estar social. Apenas se faria o necessário para reequilibrar o sistema e com os novos recursos oferecer à sociedade novas contrapartidas.

A assertiva II está correta porque o item está falando da regressividade dos tributos. Nessas condições, se houver aumento dos impostos diretos nas camadas superiores da sociedade, haverá transferência de renda via políticas distributivas, diminuindo a desigualdade e aumentando o bem-estar social.

A assertiva III está incorreta porque o efeito da receita arrecadada será positivo ou grande, acarretando impactos favoráveis sobre a demanda agregada na forma de mais empregos, mais salários, mais impostos.

Gabarito: C

24. **(FGV/Auditor/Amapá/2010) Um imposto em cascata, implementado com a alíquota de 10%, quando há dois estágios no processo de produção e distribuição, equivale a um imposto com a alíquota:**
    a) sempre em 20%;
    b) sempre em 21%;
    c) de até 10%;
    d) de 20%, se o nível de repasse do imposto ao estágio subsequente for igual a zero;
    e) de até 21%.

Comentários

A assertiva E está correta porque imposto em cascata quer dizer que o mesmo é cumulativo, em cadeia. Na questão, temos dois estágios, isto é, t(alíquota do imposto) = $(1,10) \times (1,10) = 1,21$. Ou seja, de até 21%.

Gabarito: E

25. **(FGV/Auditor/Amapá/2010) A respeito do efeito da cobrança de impostos, analise as afirmativas a seguir:**
    I. **Segundo a premissa da teoria da curva de Laffer, mudanças na alíquota taxação afetam o incentivo de ganhar renda passível de taxação.**
    II. **A teoria da curva de Laffer estabelece que haja um valor máximo que pode ser arrecadado para um determinado nível de inflação.**
    III. **A receita orçamentária do governo, segundo a teoria da curva de Laffer, é máxima para alíquotas entre 15 e 30% em países em desenvolvimento.**

    Assinale:
    a) se apenas a afirmativa I estiver correta;
    b) se apenas a afirmativa II estiver correta;
    c) se apenas as afirmativas I e II estiverem corretas;
    d) se apenas as afirmativas II e III estiverem corretas;
    e) se todas as afirmativas estiverem corretas.

Comentários

A chamada curva de Laffer, formulada por Arthur Laffer, mostra a relação entre os distintos níveis de tributação de certo imposto com a respectiva receita arrecadada pelo governo. Daí concluímos que quando o nível dos impostos passa de um certo limite (a alíquota ótima de tributação), a arrecadação do governo, em vez de aumentar, começa a diminuir. E tanto mais diminui quanto mais se aumentam as alíquotas dos tributos. Isso se dá tanto pelo desincentivo ao aquecimento da economia como também pelo aumento no nível de sonegação fiscal.

A assertiva I está correta porque existe um *trade-off* lazer *versus* trabalho. Alíquotas mais altas incentivam maior quantidade de lazer em detrimento do esforço do trabalho adicional.

A assertiva II está incorreta porque a curva de Laffer não apresenta como parâmetro a taxa de inflação, mas sim a alíquota do imposto versus montante de arrecadação.

A assertiva III está incorreta porque Laffer não taxou índices que pudessem "parametrizar" o montante de arrecadação máxima entre um intervalo de confiança de alíquotas de imposto.

Gabarito: A

26. **(Vunesp/CMSP/2007) A existência de diferentes alíquotas por faixa de renda fazem com que o imposto de renda se torne:**
    a) eficiente;
    b) abusivo;
    c) indireto;
    d) progressivo;
    e) regressivo.

Comentários

O princípio da progressividade (art. 153, § 2º, I) é uma decorrência do princípio da isonomia. Está, porém, relacionado com os princípios da capacidade contributiva e da pessoalidade. Esse princípio determina a existência de diversas alíquotas para o imposto sobre a renda, de acordo com a faixa de renda do contribuinte.

Assim, o valor a ser pago a título de Imposto de Renda oscilará não somente com a variação da base de cálculo, mas também com a variação da alíquota; neste caso a correlação se faz com o critério quantitativo da regra matriz da Incidência Tributária, ou seja, quanto maior a renda do contribuinte, maior será a base de cálculo do tributo e, igualmente, maior será a alíquota sobre ela incidente.

Gabarito: D

27. (Vunesp/BNDES/2002) Do ponto de vista da incidência tributária, é disseminada a hipótese de que os tributos indiretos tendem a ser totalmente transferidos pelo contribuinte legal. Essa hipótese é realmente verificada no caso de um imposto sobre a:
a) renda, quando se estabelecem alíquotas diferenciadas por tipo de rendimento;
b) venda de um bem de consumo, quando a demanda por esse bem elasticidade-preço igual a zero;
c) venda de um bem de capital, quando a demanda por esse bem tem elasticidade-preço igual à unidade;
d) renda, quando a demanda por salário tem elasticidade-preço unitária;
e) venda de um bem de consumo, quando a demanda por esse bem tem elasticidade-preço infinita.

Comentários

Quanto mais inclinada for a curva de demanda, maior a proporção do tributo que será custeada pelo consumidor.

No limite (curva de demanda totalmente vertical), a transferência do imposto para o comprador final será total, no sentido de que este arque com toda a carga tributária, porque o nível de preços aumenta à mesma taxa que a alíquota do imposto. Em outras palavras, se a elasticidade da demanda for zero (demanda inelástica), o efeito deslocamento do ônus tributário será pleno.

Demanda Infinitamente Inelástica.

Ep = 0 (demanda infinitamente inelástica)

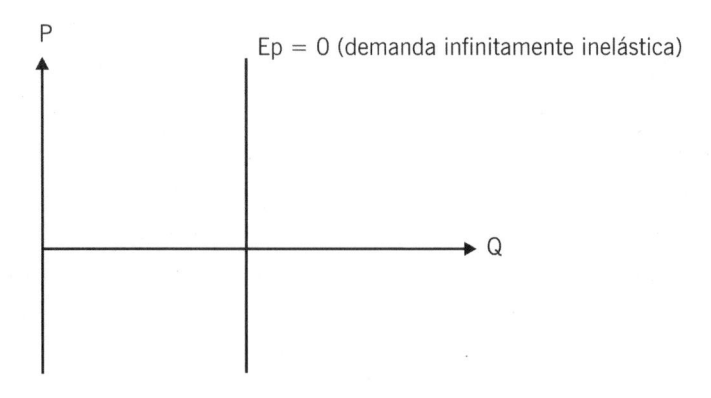

Gabarito: B

28. Marque a alternativa correta.

a) Uma dotação da União, recebida por uma Prefeitura, para aquisição de um aparelho de raios X, que será instalado num hospital municipal é classificada como Transferências de Capital.
b) As receitas imobiliárias, de contribuições sociais, de contribuições de melhoria, de serviços e de alienação de bens móveis e imóveis são exemplos de receitas correntes.
c) Os tributos específicos e *ad valorem* são exemplos clássicos de impostos diretos.
d) O imposto sobre o valor é uma taxa cobrada por cada unidade vendida ou comprada do bem.
e) O ônus de um imposto é o ganho líquido do excedente dos consumidores e produtores resultante da aplicação do imposto.

Comentários

A assertiva A está correta porque a classificação entre transferências de capital ou correntes depende da aplicação. Serão tidas como transferências correntes, caso se destinem a despesas correntes e de capital quando se destinam a aplicações de capital. No caso em tela (aparelhos de raios X), destina-se ao Ativo Permanente da entidade. Logo, é uma transferência de capital.

A assertiva B está incorreta porque A Lei nº 4.320/1964, em seu art. 11, classifica as receitas públicas em receitas correntes e receitas de capital. As receitas imobiliárias fazem parte das receitas patrimoniais, parte integrante das receitas correntes. As receitas de contribuições sociais são receitas tributárias, parte integrante das receitas correntes.

As contribuições de melhoria também fazem parte das Receitas Tributárias. As receitas de serviços, como prestação de serviços de transporte, saúde, comunicação, judiciário, dentre outros, também são receitas correntes. Já a alienação de bens móveis e imóveis faz parte das receitas de capital e, portanto, não integram o rol das receitas correntes.

A assertiva C está incorreta porque os tributos específicos e *ad valorem* são exemplos clássicos de impostos indiretos.

A assertiva D está incorreta porque o imposto sobre o valor é uma taxa expressa em unidades percentuais, ao passo que à taxa cobrada por cada unidade vendida ou comprada de um bem dá-se o nome de imposto sobre a quantidade vendida.

A assertiva E está incorreta porque o ônus de um imposto é a perda líquida do excedente dos consumidores e produtores resultante da aplicação do imposto.

Gabarito: A

Capítulo

4

Receita e despesa públicas. Classificação da receita orçamentária. Ajuste fiscal. Déficit público: resultado nominal, operacional e primário. Necessidades de financiamento do setor público

• • •

1. (Cespe/UnB/Economista/Ministério dos Esportes/2008) O estudo da economia do setor público inclui tópicos como análise econômica das funções do governo e conceitos básicos da economia do setor público, assim como o financiamento das atividades do Estado. Com referência a esse assunto, julgue os itens subsequentes.

    a) A privatização dos setores de infraestrutura que ocorreu na maioria dos países ampliou a função reguladora do Estado, sobretudo nos casos em que esses setores apresentam características de monopólio natural.

    b) Políticas bem-sucedidas de estabilidade monetária podem ser vistas como um bem público puro.

    c) A imposição de alíquotas elevadas sobre o consumo de bens de luxo colide com as funções alocativa e distributiva do governo.

    d) No imposto de renda progressivo, o esforço fiscal, definido como a proporção da renda gasta com esse tributo, aumenta com a renda do contribuinte.

e) O financiamento de programas sociais mediante emissão de moeda não somente elevará a dívida pública, como também aumentará o resultado primário em razão do aumento das despesas com juros.

f) A razão dívida/PIB é tanto maior quanto mais elevada for a taxa de crescimento da economia e quanto menor for o déficit primário do setor público.

g) Nas novas séries das contas nacionais no Brasil, no período 2001-2006, a expansão dos gastos públicos contribuiu para explicar mais da metade do crescimento do PIB pelo lado da demanda.

Comentários

A **assertiva A está correta** porque em todos os países que vivenciaram o processo de desestatização ou privatização, tinha-se a convicção de que o Estado deveria se concentrar apenas em algumas atividades, isto é, a função do Estado produtor ou interventor cede espaço ao Estado regulador, por meio das agências reguladoras, com funções, dentre elas, de evitar os abusos do monopólio natural.

A **assertiva B está correta** porque políticas de controle da inflação correspondem à função estabilizadora e de crescimento econômico, apresentando-se como um bem público puro ou perfeito em que não se tem exclusividade e rivalidade.

A **assertiva C está incorreta** porque a imposição de alíquotas elevadas sobre o consumo de bens de luxo é compatível com a função redistributiva do Estado.

A **assertiva D está correta** porque o imposto de renda progressivo elenca que quanto maior a renda do indivíduo, maior o ônus fiscal a ser pago por ele, atendendo aos princípios de equidade fiscal e justiça social.

A **assertiva E está incorreta** porque o financiamento de programas sociais mediante a emissão monetária não somente elevará a dívida pública como será potencialmente inflacionária, trazendo aumento do nível de preços e salário de toda a economia. As despesas de juros aumentarão em função de maior déficit público quando o financiamento das contas públicas acontecer por emissão de novos títulos da dívida pública.

A **assertiva F está incorreta** porque a razão dívida/PIB é tanto menor quanto mais elevada for a taxa de crescimento da economia e quanto menor o déficit primário do setor público ou maior o superávit primário.

A **assertiva G está correta** porque em Contas Nacionais no Brasil recente, a expansão dos gastos públicos (despesas públicas e investimentos públicos) contribui para explicar considerável parte do PIB pelo lado da demanda (Y = C + I + G + X – M), embora os gastos de consumo das famílias responda pela maior parte absoluta do PIB, cerca de 65%.

Gabarito: VVFVFFV

Capítulo 4 — Receita e despesa públicas. Classificação da receita orçamentária. Ajuste fiscal. Déficit público...

2. **(Cespe/UnB/Seger-ES/2008)** A economia do setor público analisa o papel desempenhado pelo governo nas economias de mercado. Acerca desse assunto, julgue os itens a seguir.

   a) O resultado primário do setor público é mais apropriado para avaliar a magnitude do ajuste fiscal porque ele não leva em conta os impactos da política monetária.

   b) Programas de controle da poluição ambiental e sonora nas praias do litoral brasileiro exemplificam a ação do governo para melhorar a alocação de recursos na economia.

   c) O crescimento dos gastos públicos nas economias dos países em desenvolvimento ocorrido nas últimas décadas contraria a Lei de Wagner.

   d) A existência de um imposto de renda progressivo colide com o princípio de equidade vertical, de acordo com o qual indivíduos semelhantes em todos os aspectos relevantes devem ser tributados igualmente.

   e) O ônus fiscal decorrente de impostos como o imposto sobre produtos industrializados (IPI) e o imposto sobre circulação de mercadorias e serviços (ICMS) recai mais fortemente sobre os consumidores com menores rendas e, por essa razão, são considerados regressivos.

   f) O resultado nominal do setor público corresponde ao resultado primário acrescido das receitas financeiras e das despesas de juros incorridos pela dívida pública.

   g) No Brasil, o esgotamento do modelo de Estado condutor do processo econômico e social, bem como a erosão da capacidade de prestação de serviços públicos, levou a um importante processo de privatização, no qual o Estado passou a assumir o papel de regulador da atividade econômica.

Comentários

A assertiva A está correta porque o principal objetivo do cálculo do resultado primário é avaliar a sustentabilidade da política fiscal em um dado exercício financeiro, tendo em vista o patamar atual da dívida consolidada e a capacidade de pagamento da mesma pelo setor público a longo prazo. Aqui se avalia fielmente o esforço necessário para reduzir o estoque da dívida pública e tornar seu perfil mais vigoroso e com mais credibilidade junto aos mercados financeiros internacionais.

A assertiva B está correta porque programas de controle da poluição ambiental e sonora nas praias brasileiras são exemplos de atuação do Estado para minimizar os impactos das externalidades negativas como o lixo das indústrias químicas jogado nos rios e mares e a poluição do ar pelas empresas. Dessa forma, o Estado atua através de imposição de pesadas multas e imposição de impostos à atividade produtora dessa externalidade bem como criação de agências reguladoras para que a alocação de recursos seja mais eficiente ou que a falha de mercado seja corrigida. É a dita função alocativa do Estado.

A assertiva C está incorreta porque o crescimento dos gastos públicos nas economias em desenvolvimento é justificado pela Lei de Wagner. A formação bruta de capital do setor público coloca-se como importante fator nos estágios embrionários de desenvolvimento e crescimento do país. Aqui, os investimentos do setor público são significativos frente ao investimento total, uma vez que há demandas/necessidades de infraestruturas sociais e econômicas básicas como estradas, educação, saúde, transporte, comunicações. Já nos estágios intermediários de desenvolvimento econômico e social, o setor público passa a desempenhar papel de complementação ao crescimento significativo dos investimentos no setor privado. E, finalmente, nos estágios evoluídos de desenvolvimento econômico, a relação investimentos públicos/investimentos privados volta a crescer face ao peculiar estágio de renda e suas necessidades de capital.

A assertiva D está incorreta porque a existência de um imposto de renda progressivo é compatível com o princípio da equidade vertical, em consonância com o qual indivíduos com capacidades de contribuição diferentes devem ser taxados de forma diferenciada, isto é, o Estado deve tratar os desiguais de forma desigual. Atende ao princípio da justiça fiscal.

A assertiva E está correta porque os tributos indiretos, que incidem sobre a produção e o consumo, isto é, sobre as vendas, como é o caso do ICMS, do IPI e do ISS, são cobrados com a mesma alíquota, independente das características pessoais do consumidor (estoque de riqueza, fluxos de renda etc). Dessa forma, esses tributos são mais regressivos porque o ônus fiscal recai em maior proporção ou magnitude nas classes mais baixas. O pedreiro paga o mesmo tributo quando compra o leite no mercado do que o megaempresário. Contudo, o ônus fiscal relativo para o primeiro é muito maior que o observado para o segundo agente. A carga fiscal regressiva é típica dos tributos indiretos e torna o padrão de renda mais desigual, ou seja, afeta negativamente o princípio da equidade ou justiça fiscal. Paga mais imposto aquele que efetivamente menos capacidade econômica possui. Fere o princípio da progressividade e da capacidade de contribuição.

A assertiva F está incorreta porque o resultado nominal das contas públicas corresponde ao resultado primário acrescido das receitas financeiras (receitas com juros, inflação e variação cambial) e das despesas financeiras (despesas com juros, inflação e variação cambial) incorridos sobre o estoque da dívida pública. O erro da assertiva está em mencionar apenas despesas com juros, o que caracterizaria o resultado operacional das contas públicas. Cabe, portanto, importante revisão sobre o tema:

Resultado primário das contas públicas = receitas não financeiras menos despesas não financeiras.

Resultado operacional das contas públicas = resultado primário + receitas/despesas com juros ou taxa de juros reais

Resultado nominal das contas públicas = resultado primário + receitas/despesas financeiras ou juros nominais (juros + inflação + variação cambial).

A assertiva G está correta porque o Estado produtor, interventor, produtor e consumidor, característico do pós-guerra e prevalecente até o final dos anos 70 vê seu esgotamento com o cenário adverso dos anos 80 em se vislumbrou escassez de liquidez internacional, aumento de taxas de juros e recessão da economia norte-americana. Dessa forma, o Brasil entra nos anos 90 com um Estado totalmente falido, comprometido com uma dívida social impagável, uma dívida pública de curto prazo e com fundamentos macroeconômicos pouco sólidos e sem credibilidade. A venda da coisa pública ou a privatização dos serviços públicos aparece como possível solução para a obtenção de recursos e redução da dívida pública. Essa redução do tamanho e da capacidade de intervenção do Estado é realizada, de um lado, via privatização, que se traduz na transferência, por venda ou concessão de empresas estatais à iniciativa privada e, de outro lado, através de mudanças na modalidade de gestão dos ativos públicos como opção estratégica. Trata-se, portanto, de um impacto importante da privatização. De fato, permitir a retomada de investimentos nas empresas e atividades que vierem a ser transferidas à iniciativa privada é fundamental para contribuir para a modernização do parque industrial do país, ampliando sua competitividade e reforçando a capacidade empresarial nos diversos setores da economia. A privatização também pode ter efeitos indiretos sobre o setor público na medida em que sirva como alavanca para o crescimento. A retomada do investimento com a privatização poderá permitir uma redução da relação dívida pública sobre o PIB na medida em que incremente a competição e contribua para financiar o investimento.

Surge, então, no final dos anos 90 as agências reguladoras.

Gabarito: VVFFVFV

3. **(Esaf/MPOG/EPPGG/2009)** O ajuste fiscal necessário para dar suporte às políticas macroeconômicas, durante a segunda metade dos anos 90, foi resultado dos seguintes fatores, nos quais não se inclui(em):
   a) o incentivo ao uso dos precatórios pelos estados e municípios;
   b) um corte nos investimentos públicos, com consequências negativas importantes para a qualidade da infraestrutura e dos serviços públicos;
   c) condições mais rígidas aplicadas à expansão da dívida pública estadual, após as negociações realizadas em 1997/1998;
   d) a implementação do programa de privatização, que liberou o governo dos subsídios e empresas estatais ineficientes;
   e) um importante aumento das receitas no nível federal por meio das contribuições sociais não compartilhadas por estados e municípios, as quais foram responsáveis pelo aumento da carga tributária.

Comentários

A assertiva A está incorreta e a assertiva C está correta porque o rigoroso ajuste fiscal implementado estava ancorado no fim do uso dos bancos estaduais para o financiamento dos tesouros estaduais, seja por via de privatização ou de sua transformação em banco de fomento, com regras rígidas de funcionamento, que impediam a utilização dos seus recursos para a cobertura de gastos dos governos estaduais. O maior controle das "antecipações de receitas orçamentárias" (ARO) amplamente utilizadas até 1995 como forma de os tesouros estaduais se financiarem junto ao sistema bancário e cuja prática foi seriamente limitada desde então, por parte das autoridades monetárias bem como a renegociação das dívidas mobiliárias estaduais e a inibição do instrumento "precatórios".

A assertiva B está correta porque o ajuste fiscal ancorado em metas rígidas de superávit primário para o setor público consolidado provocou uma contenção de gastos de capitais como investimentos, obras públicas de grande vulto, tão fundamentais para reduzir o custo Brasil e aumentar a competitividade da indústria nacional. Os gastos públicos correntes, principalmente aqueles vinculados aos benefícios sociais, folha de pagamento de servidores e aposentados e pensionistas ampliaram.

A assertiva D está correta porque foram tomadas também as seguinte medidas: a receita de concessões, ancorada nas concessões da " banda B" de telefonia celular, nos leilões das empresas da Telebrás e das "empresas-espelho" de telefonia; a privatização de diversas empresas estatais, notadamente as empresas estaduais, alterando consideravelmente o resultado primário das mesmas; e a venda de diversos bancos estaduais, extirpando instrumento tradicional de financiamento de déficits públicos estaduais.

A assertiva E está correta porque em 1999 se fizeram sentir alguns instrumentos de aumento de receita para viabilizar o ajuste fiscal. Com destaque para: a) a Contribuição Provisória sobre Movimentação Financeira (CPMF); b) o reforço da Contribuição sobre o Lucro Líquido (CSLL), sendo um Imposto de Renda sobre as pessoas jurídicas, mas não compartilhado; c) majoração da alíquota da Contribuição para o Financiamento da Seguridade Social (Cofins, antigo Finsocial); e d) criação da Contribuição sobre Intervenção no Domínio Econômico (Cide) em 2002. Destaca-se também o aumento da receita do IR, fruto do franco aperfeiçoamento da máquina de arrecadação, do congelamento da tabela do IR e da maior tributação associada ao recolhimento de IR na fonte sobre aplicações financeiras. Além disso, cabe referenciar a redução da receita do Imposto sobre Produtos Industrializados (IPI) em função do desinteresse do governo face à partilha com estados e municípios.

Gabarito: A

4. (Esaf/APO-SP/2009) Com relação à dívida pública, déficit público e necessidade de financiamento do setor público, identifique a opção falsa.
   a) Uma medida muito utilizada para avaliar a capacidade de pagamento do setor público é a relação dívida /PIB.
   b) A diferença entre as receitas totais e os gastos totais é chamada de déficit primário, pelo conceito "acima da linha".
   c) O déficit nominal é uma medida bastante requisitada em períodos de inflação elevada.
   d) Os vários conceitos de déficit público podem ser apurados por dois critérios: o de competência e o de caixa.
   e) No longo prazo, o crescimento da dívida pública ocupa o espaço que seria destinado à formação de capital (efeito *crowding-out*), por meio da redução de investimentos.

Comentários

A assertiva A está correta porque a relação dívida pública/PIB mensura exatamente o comportamento das contas públicas, ou melhor, a capacidade de financiamento do setor público. Maior crescimento da atividade econômica (PIB) ou menor estoque da dívida pública são mecanismos para diminuir a razão proposta da mesma forma que queda no crescimento econômico ou aumento da dívida pública representam deterioração das contas públicas.

A assertiva B está incorreta porque a diferença entre receitas totais e os gastos totais é chamada de resultado nominal das contas públicas e não resultado primário, como apontado na assertiva.

Como lembrança, temos que:
- Resultado primário das contas públicas: receitas não financeiras menos despesas não financeiras.
- Resultado operacional das contas públicas: resultado primário + despesas financeiras a título de juros ou taxa de juros reais.
- Resultado nominal das contas públicas: resultado primário + despesas financeiras de qualquer título (taxa de juros, inflação e variação cambial) ou resultado operacional + despesas de inflação e variação cambial.

Logo, **a assertiva C está correta**.

A assertiva D está correta porque o déficit público pode ser apurado pelo critério de caixa (depende efetivamente do pagamento ou recebimento do recurso) e de competência (depende do reconhecimento do direito creditório, independente do pagamento ou recebimento do mesmo). Nas contas públicas do Brasil, o critério a ser utilizado é o de caixa, à exceção das despesas de juros, calculados pelo critério de competência.

A assertiva E está correta porque no longo prazo, a política fiscal expansionista (aumento dos gastos públicos) expulsa o investimento privado, isto é, desloca o investimento privado, ocupa o espaço que seria ocupado pelas empresas. Por isso, efeito *crowding out* ou deslocamento ou expulsão.

Gabarito: B

5. **(Esaf/MPOG/EPPGG/2009) Com relação ao Déficit Público, uma das afirmações a seguir é falsa. Identifique-a.**
   a) O governo pode financiar seu déficit por meio de recursos extrafiscais.
   b) O déficit de caixa omite as parcelas do financiamento do setor público externo e do resto do sistema bancário, bem como de fornecedores e empreiteiros.
   c) No cálculo do déficit público, segundo o conceito operacional, incluem-se as despesas com a correção monetária e cambial pagas sobre a dívida.
   d) O déficit total indica o fluxo líquido de novos financiamentos, obtidos ao longo de um ano pelo setor público não financeiro, nas três esferas de governo e administrações.
   e) A apuração do déficit pelo método "abaixo da linha" mede o tamanho do déficit pelo lado do financiamento.

Comentários

A **assertiva A está correta** porque o governo pode financiar seu déficit através de recursos fiscais (arrecadação de impostos, taxas e contribuições) e por meio de recursos extrafiscais como emissão de moeda (vetado pela CF/1988 e LRF), empréstimos bancários (idem) e emissão de títulos públicos.

A **assertiva B está correta** porque o déficit de caixa leva em conta apenas o efetivo ingresso ou desembolso dos recursos, não sendo suficiente o reconhecimento do direito creditório ou do débito para as contas públicas, como funciona para o regime competência. Dessa forma, o método caixa "esconde" os diversos financiamentos mensurados sob a ótica da competência.

A **assertiva C está incorreta** porque no cálculo do déficit público ou das necessidades de financiamento do setor público (NFSP), segundo o conceito operacional, incluem-se apenas as despesas financeiras a título de juros reais, não incorporando a inflação e a variação cambial sobre a dívida pública. Segundo o conceito nominal é que são incluídas as despesas com a correção monetária (inflação) e cambial pagas sobre a dívida pública.

A **assertiva D está correta** porque aqui se tem expressado o conceito de déficit público total como o somatório dos fluxos que alimentam a dívida pública, nas três esferas: nacional, estadual e municipal, não englobando as empresas financeiras estatais como a CEF e o BB.

A **assertiva E está correta** porque no Brasil, do ponto de vista metodológico, os dois resultados fiscais obtidos – acima da linha e abaixo da linha – deveriam ser exatamente iguais. Porém, devido a dificuldades encontradas no levantamento dos dados pelo Tesouro Nacional, as NFSP são auferidas usualmente pelo método "abaixo da linha", que calcula o déficit não com base no gasto em si, mas na variação líquida do estoque da dívida pública. A metodologia de cálculo das necessidades de financiamento do governo central sob o critério "acima da linha" enfoca a realização do gasto público pela ótica de variáveis de receita e despesa e abrange as operações de todas as entidades não financeiras da administração direta e indireta que compõem o orçamento da União.

Gabarito: C

6. **(Esaf/Treinamento avançado/AFRFB/2009)** "Entre 1995 e 2006, as despesas correntes com o pagamento de juros e encargos da dívida foram as que mais aumentaram participação nas despesas da União, em 74% o pagamento de juros e em 160% a amortização da dívida, enquanto os benefícios previdenciários se mantiveram praticamente constantes, e as despesas com pessoal reduziram-se em 45%. Para a produção do superávit primário e para a amortização da dívida, o item investimentos é o mais passível de corte pelos decisores da Secretaria de Orçamento Federal e da Secretaria do Tesouro Nacional, pela facilidade em fazê-lo. Em termos absolutos, os itens que mais cooperaram historicamente foram as despesas de pessoal, a manutenção e o funcionamento dos órgãos, comprometendo a qualidade e a quantidade dos serviços (escolas e universidades sucateadas, hospitais e postos de saúde em estado precário, estradas e portos em situação lastimável etc.). O discurso a favor da opção dos juros em primeiro lugar despreza o inevitável encontro com o futuro que se está construindo. O avanço regular da barbárie não o incomoda. A dramática condição de existência de parte majoritária da população, o desespero de quem vive por longo tempo sob o desemprego, sem proteção e sem serviços públicos de qualidade não são objeto de consideração sincera, sendo tampouco entendidos como algo que tenha a ver com os ganhos exorbitantes que auferem." (Ipea, Texto para Discussão 1319, jan, 2008, p. 33). Marque a assertiva correta.

   a) Os encargos financeiros a título de juros, variação cambial e monetária são explicitados pelo critério acima da linha valendo-se das necessidades de financiamento do setor público sob a ótica operacional.
   b) As despesas correntes e as despesas de capital devem sempre ser sacrificadas em favor dos pagamentos de juros da dívida externa sob pena de decretação da moratória ou falência de uma nação e total incredibilidade do país.
   c) As despesas de juros e encargos da dívida da União são mensuradas sob o critério de competência assim como qualquer outra despesa financeira ou não financeira.
   d) O princípio da progressividade elenca que o pagamento de juros deve ocorrer sempre de acordo com a capacidade de contribuição: quanto maior o crescimento do PIB da região, maior o pagamento dos juros da dívida.
   e) Para estancar o crescimento da dívida pública/PIB (variável estoque), faz-se necessário a retomada do crescimento econômico, o superávit primário ou a queda da dívida pública.

Comentários

A **assertiva A está incorreta** porque os encargos financeiros a título de juros, variação cambial e monetária (inflação), ou seja, toda e qualquer despesa financeira são explicitados pelo critério acima da linha, valendo-se das necessidades de financiamento do setor público sob a ótica nominal.

A **assertiva B está incorreta** porque, embora seja positivo e necessário que o país cumpra os compromissos assumidos no passado, como o pagamento dos exorbitantes juros da dívida externa, as despesas de capital, como mais obras públicas (construção de hospitais, de escolas, novas rodovias etc), são fundamentais para que o governo federal resgate parte da imensa dívida social que possui com a sociedade. Dessa forma, faz-se necessário conter os gastos correntes e alocar os recursos, preferencialmente, nos gastos de capital, ou seja, fazer crescer a taxa de investimento público. Isso sim é que permite credibilidade do país.

A assertiva C está incorreta porque as despesas de juros da dívida pública são mensuradas sob o prisma da competência, ao passo que qualquer outra despesa ou receita é calculada sob a ótica do caixa, para o setor público brasileiro. A regra é clara: tudo é caixa, à exceção dos juros, que são competência.

A assertiva D está incorreta porque o princípio da progressividade não apregoa a relação em questão. Quanto maior o crescimento da taxa do PIB, mais estável a economia, melhores os fundamentos econômicos (inflação, dívida pública, dívida externa, câmbio, nível de atividade, desemprego) e, consequentemente, menor a taxa de juros básica da economia.

A assertiva E está correta porque, para diminuir a razão dívida pública/PIB, faz-se necessário elevar o crescimento da economia (taxa do PIB), reduzir despesas públicas e/ou aumentar receitas e ainda, se possível, reduzir a taxa de juros básica da economia, que incide sobre a dívida pública, provocando novas despesas financeiras. O cenário desejável, portanto, para qualquer economia com esse cenário seria apresentar estes três cenários: crescimento do PIB, queda dos juros e superávit primário das contas públicas.

Gabarito: E

7. **(Esaf/Treinamento avançado/AFRFB/2009)** "A queda dos juros básicos da economia reduziu o impacto negativo da redução do esforço fiscal do governo nas contas do setor público consolidado de abril. As contas consolidadas do Tesouro Nacional, Banco Central, Previdência, estados, municípios e estatais mostram que, no mês passado, o gasto com o pagamento de juros foi de R$ 12,2 bilhões, resultado 13,5% menor que o de março. A carga de juros nos últimos meses encerrados em abril foi de 5,41% do PIB, a mais baixa desde maio/1998, quando a relação era de 5,38% do PIB. Por conta disso, o setor público registrou em abril superávit nominal de R$ 300 milhões, reflexo de um superávit primário de R$ 12,5 bilhões e gastos com juros de R$ 12,2 bilhões." (*Jornal do Comércio*, 26/05/2009, p. 21, caderno de Economia). Acerca do tema e da importância da política fiscal e da dívida pública no resultado das contas públicas, assinale a assertiva incorreta.
    a) Para o setor público brasileiro, as contas públicas são mensuradas pelo critério de caixa, à exceção das despesas de juros calculadas pela ótica da competência.
    b) O déficit público nominal leva em conta toda e qualquer receita financeira (caso exista) bem como as despesas financeiras a título de juros nominais (inflação, variação cambial e juros).

c) As necessidades de financiamento do setor público sob o prisma operacional computam as despesas financeiras tomadas como juros reais, isto é, taxa de juros e correção monetária.

d) Maiores empréstimos internacionais acarretam desconfiança dos credores internacionais se os fundamentos macroeconômicos da economia nacional não são sólidos, robustos. Dessa forma, teremos a negativa na concessão de novos empréstimos e um possível efeito dominó de desconfiança, alimentando ainda mais a crise. É o chamado esquema Ponzi de financiamento.

e) O déficit público nominal é o déficit público operacional mais as despesas com correção monetária e variação cambial, se houver.

Comentários

A assertiva A está correta porque diante do critério caixa *versus* competência, o setor público no Brasil leva em conta qualquer despesa ou receita do orçamento sob o prisma de caixa, isto é, depende efetivamente do recebimento ou do pagamento do recurso, à exceção das despesas com juros, que são calculadas sob a ótica de competência, isto é, basta o reconhecimento do direito creditório.

A assertiva B está correta porque está computado aqui o conceito literal das NFSP nominal, levando-se em conta toda e qualquer despesa ou receita financeira (taxa de juros reais, inflação e variação cambial).

A assertiva C está incorreta porque as necessidades de financiamento do setor público sob o prisma operacional computam as despesas financeiras tomadas como juros reais, isto é, taxa de juros somente. As NFSP sob o prisma nominal é que levam em conta os juros nominais, a saber: taxa de juros e inflação ou correção monetária, além da variação cambial se houver, isto é, levam em consideração toda e qualquer despesa financeira.

A assertiva D está correta porque o esquema Ponzi retrata a situação em que o país incorre em déficit de forma definitiva, tomando empréstimos novos para quitar os pretéritos, incorrendo em mais juros, o que acarreta novo déficit, incrementando cada vez mais o endividamento. Os credores internacionais podem inferir que a capacidade de o país honrar seus compromissos financeiros é bastante suspeita, o que leva à negativa de novos empréstimos, provocando um verdadeiro efeito dominó de colapso e bancarrota nas contas externas.

A assertiva E está correta porque o resultado das contas públicas nominal compreende o resultado operacional mais os gastos com as despesas financeiras a título de inflação, e variação cambial ou resultado das contas públicas nominal compreende o resultado primário mais as despesas financeiras a qualquer título (juros, inflação e variação cambial).

Gabarito: C

8. **(Esaf/AFC/STN/2008)** Em relação à política fiscal e aos conceitos de necessidade de financiamento do setor público (NFSP), déficit e dívida pública, qual das afirmações a seguir é correta, supondo que não existem juros nominais recebidos pelo governo?

   a) Se os juros nominais pagos em função da dívida pública são superiores ao déficit primário, então o governo possui superávit nominal.
   b) Se o governo apresenta déficit primário, isso implica que a poupança do governo seja negativa.
   c) Quando há déficit nominal, os juros nominais pagos são necessariamente inferiores a um déficit primário.
   d) A existência de déficit primário significa que os investimentos governamentais (se existirem) não são financiados na sua integralidade por poupança do governo.
   e) Quando se tem uma variação negativa da dívida pública e não existem variações patrimoniais relevantes no período, como privatizações ou reconhecimento de esqueletos, então o governo apresentou déficit nominal no período.

Comentários

A assertiva A está incorreta porque se os juros nominais pagos em função da dívida pública são superiores ao déficit primário, então o governo possui déficit nominal. O resultado nominal das contas públicas é igual ao resultado primário mais as despesas financeiras (juros, inflação e câmbio).

A assertiva B está incorreta e a assertiva D está correta porque se o governo apresenta déficit primário, isso implica que o governo arrecadou taxas, impostos e contribuições (poupança ou saldo em conta corrente do governo) em quantidade insuficiente para bancar os gastos com consumo e investimento (as despesas correntes e de capital da Administração Pública).

A assertiva C está incorreta porque quando há déficit nominal, os juros nominais (juros, inflação e variação cambial) pagos são superiores ao déficit primário. Déficit nominal = déficit primário + juros nominais.

A assertiva E está incorreta porque quando se tem uma variação no endividamento da dívida pública e, não existindo variações patrimoniais relevantes no período, como privatizações ou reconhecimento de esqueletos, então o governo pode apresentar déficit primário, operacional ou nominal, dependendo das contas fiscais desagregadas do orçamento público. Só ocorrerá déficit nominal se houver despesas financeiras de qualquer ordem.

Gabarito: D

9. **(Esaf/AFC/STN/2008) Do ponto de vista fiscal, o déficit público é medido a partir do resultado primário. Isso posto, é correto afirmar que:**
   a) o Resultado Primário corresponde à diferença entre receitas não financeiras e despesas não financeiras;
   b) entende-se por receita não financeira: a receita orçamentária arrecadada mais as operações de crédito, as receitas de privatizações e as receitas provenientes de rendimentos de aplicações financeiras;
   c) entende-se por despesa não financeira: a despesa total, aí incluídas aquelas como amortização e encargos da dívida interna e externa (amortização mais juros);
   d) do ponto de vista fiscal, ou pelo critério acima da linha, ocorre déficit público quando o total das receitas não financeiras é superior às despesas não financeiras;
   e) nos casos em que o total das receitas próprias de um ente público (sem considerar empréstimos) é inferior às despesas realizadas, temos um superávit primário.

Comentários

A assertiva A está correta porque o resultado primário das contas públicas representa a diferença entre a arrecadação não financeira e os gastos não financeiros. Dessa forma, qualquer elemento financeiro (juros reais, inflação ou correção monetária e variação cambial) não afeta o resultado primário.

A assertiva B está incorreta porque as receitas provenientes de rendimentos de aplicações financeiras (taxa de juros e variação cambial, basicamente) são receitas eminentemente financeiras.

A assertiva C está incorreta porque encargos da dívida interna (juros reais) e dívida externa (câmbio) representam despesas de caráter financeiro.

A assertiva D está incorreta porque o déficit público entra em cena quando as receitas não financeiras são inferiores às despesas não financeiras. Total das receitas não financeiras superior ao total das despesas não financeiras acusa superávit público.

A assertiva E está incorreta nos casos em que o total das receitas próprias de um ente público é inferior às despesas realizadas, temos um déficit primário e não superávit primário.

Gabarito: A

10. **(Esaf/AFC/STN/2008) Em relação à apuração das necessidades de financiamento do setor público, é correto afirmar que:**
    a) elas são integralmente apuradas pelo conceito de competência;
    b) elas são integralmente apuradas pelo conceito de caixa;
    c) elas são apuradas pelo conceito de caixa, exceto pelas despesas de juros apuradas pelo conceito de competência;

d) elas são apuradas pelo critério de competência, exceto pelas despesas com inativos apuradas pelo conceito de caixa;

e) elas são apuradas pelo critério de caixa, exceto pelas despesas com pessoal e encargos sociais apuradas com o conceito de competência.

Comentários

O conceito de caixa significa que são considerados os fluxos de recebimentos e pagamentos provenientes do caixa do ente governamental, o que pode provocar distorções no cálculo se o setor público adiar de forma intencional o pagamento de funcionários ou a fornecedores.

O conceito competência, por sua vez, está associado ao momento ou período em que se efetivou o direito adquirido pelo credor, independente do momento da ocorrência ou não do pagamento.

No Brasil, as necessidades de financiamento são apuradas pelo conceito de caixa, exceto pelas despesas de juros, apuradas pelo conceito de competência contábil. De um lado, isso visa evitar que, se o governo emite títulos de prazo mais longo, com pagamentos concentrados no tempo, o déficit seja artificialmente baixo durante algum tempo e depois estoure no momento do vencimento. Ao apropriar os juros pelo conceito de competência, o BC torna a despesa de juros mais regular ao longo do tempo.

Gabarito: C

11. **(Esaf/Analista Contábil/Sefaz-CE/2006-2007) De acordo com os vários conceitos de déficit para acompanhar o desempenho das contas públicas, indique a única opção falsa.**
    a) O conceito de déficit operacional foi utilizado no Brasil nos períodos de inflação elevada para se ter uma medida nominal do déficit público.
    b) O conceito de déficit de caixa, que se refere aos resultados do Tesouro Nacional, é limitado, porque é passível de controles temporais, por meio, por exemplo, do retardamento das liberações de recursos.
    c) Superávits operacionais ocorreram em 1990-1991, consequência do aumento da carga tributária e da redução das despesas com juros, viabilizada pelo bloqueio dos ativos financeiros do Plano Collor.
    d) As necessidades de financiamento do setor público correspondem ao conceito de déficit nominal apurado pelo critério "acima da linha".
    e) O conceito de déficit nominal corresponde aos gastos totais deduzidas as receita totais.

Comentários

A assertiva A está incorreta porque o conceito de déficit nominal foi utilizado no Brasil nos períodos de inflação elevada para se ter uma medida nominal do déficit público, e não déficit operacional, como mencionada na questão.

A assertiva B está correta porque o conceito de caixa leva em conta apenas quando o direito creditório é operacionalizado, isto é, o direito creditório se transforma em crédito efetivo (o dinheiro entra em caixa e não apenas a expectativa de (conceito de competência). Dessa forma, qualquer tentativa governamental de retardamento das liberações representa um controle temporal.

A assertiva C está correta porque superávits operacionais acontecem desde que haja um esforço fiscal de arrecadação, contenção de gastos e baixas despesas financeiras a títulos de juros reais. Como no Plano Collor, ocorreu bloqueio dos ativos financeiros na tentativa de conter a inflação além do início do crescimento contínuo de carga tributária, temos o superávit sob o prisma operacional.

A assertiva D está correta porque o conceito de déficit nominal acima da linha apregoa a desagregação das contas de sorte a se ter ciência da responsabilidade discriminada de cada conta (financeira, de capital, patrimonial, comercial, industrial, tributária etc.) na apuração do endividamento público ou necessidades de financiamento do setor público (NFSP). Dessa forma, temos que:

Déficit nominal = Déficit primário + Despesas financeiras ou despesas de juros nominais (inflação ou correção monetária + variação cambial + juros reais).

A assertiva E está correta porque as necessidades de financiamento do setor público sob a ótica nominal ou resultado nominal das contas públicas compreende a diferença entre o total das receitas correntes do governo e o total de suas despesas (custeio, transferências, subsídios, financeiras e de capital). Equivale-se à variação da dívida líquida do setor público não financeiro, com a inclusão da correção monetária da dívida. Dito de outra forma, conforme o Ministério do Planejamento, Orçamento e Gestão, em sua cartilha fiscal Gestão Fiscal Responsável, elucida que o resultado nominal corresponde também à diferença entre receitas e despesas, dessa feita, considerando receitas e despesas financeiras, os efeitos da inflação e da variação cambial. Equivale ao aumento da dívida pública líquida em determinado período.

Gabarito: A

12. **(Esaf/AFC/CGU/2006) A trajetória da dívida pública no Brasil entre 1981 a 1999 pode ser dividida em períodos. Busque a opção falsa com relação à Dívida Pública brasileira entre 1981 e 1999.**

   a) O período de 1981 a 1984 caracterizou-se pela elevação da relação dívida/PIB, em um contexto de forte déficit fiscal e estagnação econômica.
   b) A evolução da dívida sofreu uma inflexão em meados dos anos 80, devido à combinação de três elementos: crescimento de certa importância do PIB que teve uma variação real acumulada em cinco anos em 24% de 1985/1989, o aumento da receita de senhoriagem e uma importante subindexação da dívida.
   c) A queda de importância relativa da dívida pública manteve-se durante os primeiros anos da década de 1990, em outro contexto fiscal, apesar do menor crescimento da economia.
   d) Na primeira metade dos anos 90, além da queda relativa da dívida, sua composição foi alterada pela maior participação da dívida externa na dívida total.
   e) Na análise da evolução da dívida pública no período 1995/1999 podem ser agregados dois fatos relevantes: o reconhecimento de antigas dívidas, inicialmente não registradas (passivos ocultos), que aumentou a dívida pública e o efeito da sua redução, associado às privatizações.

Comentários

A assertiva A está correta porque o período 1981-1984 caracterizou-se pela elevação de relação dívida/PIB, em um contexto de forte déficit fiscal e estagnação econômica – que, com o aumento do numerador, implica elevar a relação dívida/PIB.

A assertiva B está correta porque o período 1985-1989 foi marcado por um déficit similar ao da primeira metade da década de 1980, porém por uma queda da relação dívida/PIB, em parte associada ao forte crescimento do denominador. Os desequilíbrios estruturais do regime fiscal brasileiro, agravados pela Constituição de 1988, permaneceram camuflados durante anos pela inflação alta. De um lado, como as receitas sempre estiveram mais bem indexadas que as despesas, a inflação elevava as receitas nominais e corroia parcela significativa das despesas em termos reais, gerando falsos resultados de equilíbrio fiscal.

A assertiva C está correta porque nos primeiros anos da década de 1990, em um quadro de NFSP, no conceito operacional, em média, nulas e apesar de o PIB ter crescido muito pouco, a dívida pública caiu substancialmente, processo esse que foi revertido na segunda metade da década, em um contexto de déficits fiscais elevados.

A assertiva E está correta porque observam-se os saltos mais significativos da relação dívida pública/PIB na esteira das crises asiática (1997) e russa (1998), demonstrando a relevância dos choques externos sobre as finanças públicas brasileiras, da falta de disciplina fiscal nos três níveis de governo nesse período, da assunção de dívidas não contabilizadas (os chamados esqueletos fiscais). Ao mesmo tempo, percebe-se que o período em tela coincide com a fase das megaprivatizações das "joias da coroa" do Tesouro Nacional (setores de energia elétrica e telecomunicações), que garantiram elevadas receitas, contribuindo para abater a dívida pública.

A assertiva D está incorreta porque um fato que merece ser destacado na trajetória da dívida pública nos anos 90 foi o aumento da importância relativa da dívida de estados e municípios. Esta, que representava apenas 17% da dívida líquida total do setor público em 1990, passou a ser de 38% desse total em 1994 e chegou a 42% do total em 1997. O fato esteve associado aos elevados déficits dessas unidades da federação no período e explica a pressão dos governadores em favor de uma renegociação do componente mobiliário dessa dívida em 1998.

Gabarito: D

13. (Esaf/AFC/CGU/2006) Com relação a déficit público e dívida pública, não se pode afirmar que:
   a) para avaliar o estímulo do governo à atividade econômica em termos de complementação da demanda privada, há interesse em se medir o tamanho do déficit público;
   b) quando o déficit público é menor do que zero, o governo está fazendo uma política fiscal contracionista;
   c) se o déficit público for maior que zero, o governo estará contribuindo para aumentar a demanda;
   d) caso o governo incorra em um déficit, o gasto que supera a receita deverá ser financiado de alguma forma;
   e) quanto menor for o estoque da dívida pública, maior será o gasto com juros.

Comentários

A assertiva A está correta porque o crescimento da demanda agregada (DA), ou seja, do ritmo da atividade econômica, da renda nacional, depende, fundamentalmente, dos atores públicos (G) e privados (famílias e empresas – C, I). Dessa forma, o tamanho do déficit público é importante como sinalizador de quanto de poupança privada e/ou externa faz-se necessário para cobrir o buraco nas contas públicas. Ao mesmo tempo, serve para orientar o setor privado quanto às possibilidades de inversões financeiras no cenário produtivo, dadas as prioridades elencadas pelo governo federal.

A assertiva B está correta porque quando o déficit público é menor do que zero, temos superávit fiscal, ou seja, o esforço de arrecadação fiscal (criação de novos tributos e/ou aumento das alíquotas) foi superior aos gastos com consumo e investimento públicos. A política em debate é, portanto, a contracionista (queda do gasto público e aumento de impostos).

A **assertiva C está correta** porque se o déficit público for superior a zero, o governo está praticando uma política fiscal expansionista, impulsionando a demanda agregada, com aumento das contratações de servidores, reformas de escolas, construção de hospitais, reformas nas rodovias e queda nos impostos, aumentando a renda disponível da coletividade, que pode consumir mais bens e serviços, o que também impulsiona a demanda agregada.

A **assertiva D está correta** porque o déficit público se constitui no excesso de dispêndio governamental (consumo e investimento) frente à poupança do setor público, dada pela arrecadação de tributos, e tem de ser financiado internamente, pelo excesso da poupança privada sobre o investimento privado e, externamente, pelo afluxo de poupanças do resto do mundo. Logo, equacionalmente, temos: $DP = (Sp - Ip) + Se$.

A **assertiva E está incorreta** porque quanto menor for o estoque da dívida pública, menores serão as despesas financeiras, ou seja, menor o gasto com os juros. A dívida pública é formada pelo conjunto de títulos públicos em mãos da população (bancos, agentes financeiros, pessoas jurídicas e pessoas físicas), que pagam uma remuneração na forma de juros e na expectativa de serem honrados no momento do resgate dos mesmos. Dessa forma, o superávit fiscal (variável fluxo) deve ser perseguido para poder quitar o pagamento dos juros da dívida pública (variável estoque). Os gastos com os juros são, portanto, diretamente proporcionais ao estoque da dívida pública e não inversamente, como proposto na questão.

Gabarito: E

14. **(Esaf/AFRF/2005) A diferença entre a arrecadação tributária e o gasto público leva a um dos conceitos mais discutidos na economia brasileira nos últimos anos, que é o déficit público. Identifique a opção incorreta no que diz respeito a déficit público e finanças públicas.**

    a) Para evitar distorções causadas pela inflação, é desejável utilizar o conceito de déficit operacional do setor público, em que, do lado da despesa, são excluídos os gastos com correção cambial e monetária das dívidas interna e externa.

    b) O déficit público é equivalente à diferença entre o valor dos investimentos públicos e a poupança do governo em conta corrente.

    c) O governo pode financiar o déficit público por meio de emissão de moeda ou via colocação de títulos públicos junto ao setor privado.

    d) Ao financiar o déficit público com a colocação de títulos junto ao setor privado, o governo aumenta as pressões inflacionárias do excesso de moeda e expande a dívida interna.

    e) O conceito de déficit primário exclui, além dos pagamentos relativos à correção monetária, as despesas com juros reais das dívidas interna e externa, refletindo, na prática, a situação das contas públicas, caso o governo não tivesse dívida.

Comentários

As NFSP são orientadas pelo seguinte prisma:

i) Primário: gastos não financeiros (consumo e investimento) – receitas não financeiras.
ii) Operacional: déficit primário + juros reais da dívida pública (juros nominais menos inflação)
iii) Nominal: déficit operacional + inflação + correção cambial.

Quando o setor público financia seu déficit com a colocação de títulos junto ao setor privado, retira moeda de circulação, isto é, reduz o quantitativo de meios de pagamentos, o estoque da dívida cresce sem pressões inflacionárias.

Daí, resultamos em duas hipóteses:

i) se a senhoriagem (emissão de moeda) corresponde apenas ao financiamento dos gastos públicos em função do excesso de gastos em bens e serviços do setor público;
ii) se a senhoriagem (emissão de moeda) corresponde ao imposto inflacionário sem crescimento da produção de bens e serviços.

Gabarito: D

15. (Esaf/AFRF/2002) De acordo com os fundamentos de finanças públicas, assinale a única opção correta.

a) O déficit público é equivalente à diferença entre o valor dos investimentos privados e a poupança do governo em conta corrente.
b) O déficit nominal é menor que o déficit primário, diferença essa que é tanto menor quanto maior for a taxa de inflação no período em consideração.
c) A carga tributária líquida representa o total de impostos arrecadados no país.
d) O financiamento do déficit público tem como única fonte de recursos a venda de títulos públicos ao setor privado.
e) O conceito de Necessidade de Financiamento do Setor Público (NFSP) contempla, como setor público, o governo central, os governos regionais (Estados, Municípios e Distrito Federal), a previdência social, as empresas estatais e as agências descentralizadas.

Comentários

A assertiva A está incorreta porque, embora o setor público possa buscar recursos na iniciativa privada para financiar o rombo nas contas públicas, a rigor, não há qualquer vinculação do conceito de déficit público com investimentos privados. Como já visto exaustivamente, o déficit público é equivalente à diferença entre, de um lado, o valor dos gastos e investimentos do setor público e, do outro, a poupança do governo em conta corrente. Claro deve ficar que o primeiro lado deve ser maior que o segundo para caracterizar a noção de déficit.

A assertiva B está incorreta porque o déficit primário deve ser menor que o nominal em razão da inclusão dos juros nominais na ótica nominal.

A assertiva C está incorreta porque a carga tributária líquida (CTL) é tida como a arrecadação total de tributos menos as transferências e os subsídios fornecidos às famílias e alguns segmentos da indústria nacional. O conceito ali exposto reflete a carga tributária bruta se dividido pelo PIB do país.

A assertiva D está incorreta porque o financiamento do déficit público tem como fonte de recursos a venda de títulos públicos ao setor privado, a emissão monetária (não mais utilizada), os empréstimos bancários (vedados por diversos dispositivos legais) e a criação de novos tributos e/ou majoração das alíquotas daqueles já existentes.

Outra questão em que o candidato "sofre" para garimpar uma resposta integralmente correta que sirva como gabarito da questão.

A assertiva E está correta porque a definição do setor público não deve conter empresas públicas financeiras (Caixa Econômica Federal) e sociedades de economia mista (Banco do Brasil), que fazem parte das empresas estatais. De qualquer forma, é a resposta da banca por ser a menos comprometedora.

Gabarito: E

16. (FGV/ICMS/RJ/2008) É incorreto afirmar que:
   a) obtém-se superávit fiscal quando a arrecadação supera as despesas do exercício, excluindo os juros da dívida;
   b) o déficit operacional é a soma do déficit primário com os juros reais da dívida pública;
   c) o resultado operacional é obtido excluindo-se do resultado nominal a taxa de inflação e variação cambial;
   d) não pode ocorrer simultaneamente superávit primário e déficit operacional;
   e) o conceito de déficit público representa um fluxo, enquanto o conceito de dívida pública é um estoque.

Comentários

A assertiva A está correta porque de fato tem-se superávit fiscal quando as receitas públicas superam as despesas públicas do exercício em epígrafe, excluindo os juros da dívida, isto é, estamos lidando com a ótica primária das contas públicas ou resultado das administrações públicas.

A assertiva B está correta porque o déficit público operacional representa o déficit público primário, levando-se em consideração os juros reais incidentes sobre o estoque da dívida pública.

A assertiva C está correta porque temos aqui outra forma de leitura do resultado operacional das contas públicas. Resumindo, temos:

Déficit público operacional = déficit público primário + despesas com juros

Déficit público operacional = déficit público nominal − despesas com inflação e variação cambial.

A assertiva D está incorreta porque pode ocorrer simultaneamente superávit primário e déficit operacional, quando são incluídos os juros pagos pelo governo. Por exemplo, se o superávit primário for de 3,5% do PIB e os juros pagos 5% do PIB, ter-se-á um déficit operacional de 1,5% do PIB.

A assertiva E está correta porque o déficit público é uma variável fluxo, pois é medida em um determinado período de tempo, ao passo que a dívida pública é uma variável estoque porque é medida em determinado ponto do tempo. Assim, a variável fluxo alimenta a variável estoque de forma que aumentos de déficit público ocasionam aumento do estoque da dívida pública.

Gabarito: D

17. **(NCE-UFRJ/Ministério das Cidades/Economista/2005) Das afirmações a seguir, assinale a que não é correta.**
    a) Carga tributária bruta é igual ao total de impostos arrecadados no país.
    b) Carga tributária líquida é igual ao total de impostos arrecadados no país menos as transferências do governo.
    c) Poupança do governo em conta corrente é igual à carga tributária líquida menos o consumo do governo.
    d) Déficit público é igual ao investimento total do governo menos a poupança do governo em conta corrente.
    e) Necessidade de financiamento do setor público no conceito nominal é igual à receita não financeira menos o gasto não financeiro.

Comentários

A assertiva A está correta porque carga tributária bruta corresponde ao montante de impostos, taxas e contribuições arrecadados pelas esferas municipal, estadual e federal.

A assertiva B está correta porque carga tributária líquida corresponde ao sinalizado na opção anterior menos as transferências do setor governamental às famílias e ao setor produtivo na forma de subsídios.

A **assertiva C está correta** porque poupança do governo em conta corrente corresponde à carga tributária líquida (impostos menos subsídios) menos o consumo das administrações públicas.

A **assertiva D está correta** porque déficit público corresponde à formação bruta de capital fixo do governo mais as variações de estoque menos a poupança do ente governamental em conta corrente.

A **assertiva E está incorreta** porque NFSP (necessidade de financiamento do setor público) sob a ótica primária se traduz no somatório das receitas não financeiras (receitas ordinárias) menos o cômputo das despesas não financeiras (despesas de consumo e de capital).

A ótica nominal leva em conta as receitas/despesas financeiras (juros) e o efeito inflacionário.

Gabarito: E

> **Leia a informação para responder às questões de números 18 a 20.**
>
> Em um determinado ano, os gastos não financeiros do governo totalizam 1000, foram arrecadados 1050 em impostos, o estoque da dívida pública no início do ano era 2000, a taxa de juros (nominal) foi 5% e a inflação 2%.

18. (Vunesp/CMSP/2007) Pode-se afirmar que o resultado primário do governo foi:
   a) superávit de 50;
   b) equilíbrio;
   c) déficit de 10;
   d) déficit de 50;
   e) déficit de 90.

Comentários

Ora, sem maiores dificuldades, o resultado primário do governo (receitas não financeiras maiores que despesas não financeiras) foi superavitário em 50 unidades monetárias, o que permitirá reduzir o estoque da dívida pública e pagar os juros devidos. É o esforço fiscal do ente público para sanar as dívidas passadas.

Arrecadação de impostos (receitas não financeiras) = $1.050
(-) Gastos não financeiros do governo = $1.000
Resultado primário = $ 50.

Gabarito: A

19. (Vunesp/CMSP/2007) O resultado operacional do governo foi:
   a) superávit de 50;
   b) equilíbrio;
   c) déficit de 10;
   d) déficit de 50;
   e) déficit de 90.

Comentários

Já o resultado operacional das contas públicas se refere ao resultado primário mais as despesas com juros da dívida pública. Sabemos que o resultado primário é igual a 50. Logo, devemos observar a taxa de juros real que incide sobre o estoque de dívida para assumir a despesa de juros do setor público, que é da ordem de $60 (taxa de juros nominal de 5% incide sobre o estoque da dívida pública, que é de $2.000, ou seja, 0,05 x 2000 = 100 – taxa de inflação = 0,02 x 2000 = 40. Logo, 100 – 40 = 60).

Atenção, pois o resultado operacional se equivale ao resultado primário mais os juros reais da dívida pública (os juros reais excluem o efeito da inflação).

Daí, temos:
Arrecadação de impostos = $1.050
(-) Gastos não financeiros = $1.000
(-) Despesa de juros = $60 (e não 100; cuidado!)
Resultado operacional = $ – 10

Gabarito: C

20. (Vunesp/CMSP/2007) O resultado nominal do governo foi:
   a) superávit de 50;
   b) equilíbrio;
   c) déficit de 10;
   d) déficit de 50;
   e) déficit de 90.

Comentários

E, finalmente, o resultado nominal das contas públicas se refere ao resultado operacional mais as despesas com inflação. Sabemos que o resultado operacional é igual a -10. Logo, devemos observar a taxa de inflação que incide sobre o estoque de dívida para assumir a despesa de inflação do setor público, que é da ordem de $40 (taxa de inflação de 2% incide sobre o estoque da dívida pública, que é de $2.000, ou seja, 0,02 x 2000 = 40)

Daí, temos:
Arrecadação de impostos = $1.050
(-) Gastos não financeiros = $1.000
(-) Despesa de juros = $60
Resultado operacional = $ -10
(-) Despesa com inflação = $40
Resultado nominal = $ -50
Gabarito: D

21. **"Para Mantega, as críticas ao aspecto fiscal não se justificam, uma vez que o Brasil é um dos países cuja dívida pública não subirá expressivamente por causa da crise. Segundo levantamento da agência de risco Standard & Poor´s, o endividamento bruto dos Estados Unidos crescerá de 52% do PIB em 2008 para 79% do PIB em 2010, enquanto no Brasil a dívida pública permaneceria estabilizada em torno de 58% do PIB. Reduzimos o superávit primário em 2009 para poder fazer uma política anticíclica e ainda assim nosso resultado nominal será o segundo melhor do G20, citando números da revista *Economist*, que projeta um déficit de 2,1% do PIB para o Brasil". (Jornal do Comércio, 26/05/2009, p.22, caderno de Economia). Sobre o tema déficit público *versus* dívida pública, assinale a assertiva correta.**
    a) O método "acima da linha" mede a variação do endividamento público, sem considerar as estatísticas fiscais desagregadas.
    b) As necessidades de financiamento do setor público (NFSP) no Brasil são medidas pelo critério de competência, à exceção do cálculo das despesas com juros, cotados no critério de caixa.
    c) O déficit público nominal é maior que o déficit público primário se o país for credor internacional, isto é, apresentar receitas provenientes de juros e variação cambial.
    d) O resultado primário das contas públicas leva em consideração todas as despesas não financeiras bem como todas as receitas financeiras e não financeiras.
    e) A relação dívida pública/PIB decresce sempre que ocorrer aumento da atividade econômica e/ou redução do estoque dos títulos da dívida pública.

Comentários

A assertiva A está incorreta porque o método "abaixo da linha" mede a variação do endividamento público, sem considerar as estatísticas fiscais desagregadas. Já o método "acima da linha" procura medir o déficit público a partir das estatísticas fiscais desagregadas, pormenorizadas, detalhadas mesmo.

A assertiva B está incorreta porque o critério exposto está invertido na assertiva. As necessidades de financiamento do setor público no Brasil são medidas pelo critério caixa, à exceção do cálculo das despesas com juros, cotados no critério competência.

A assertiva C está incorreta porque se o país é credor internacional, ele apresenta capacidade de emprestar recursos ao resto do mundo, isto é, é um exportador líquido de capitais. Dessa forma, o superávit nominal é maior que o superávit primário, dado que as receitas com juros e variação cambial serão computadas no resultado nominal das contas públicas.

A assertiva D está incorreta porque o resultado primário do setor público leva em conta apenas as receitas e despesas não financeiras, ou seja, qualquer receita ou despesa financeira não é computada para efeitos do resultado primário. Quantifica-se apenas o esforço fiscal realizado pelo governo.

A assertiva E está correta porque a razão dívida pública/PIB decresce quando o numerador diminui, isto é, o estoque de títulos da dívida pública se reduz ou o denominador aumenta (a atividade econômica cresce ou taxa de crescimento do PIB).

Gabarito: E

Capítulo 5
Lei de Responsabilidade Fiscal (LRF)

• • •

1. **(Esaf/Analista Contábil/Sefaz-CE/2006-2007) Considerando os dispositivos da Lei de Responsabilidade Fiscal, a geração da despesa pública ou a assunção de obrigação deve obedecer a diversos requisitos, exceto:**
   a) a despesa é adequada com a lei orçamentária anual quando objeto de dotação específica e suficiente ou esteja abrangida por crédito genérico, de forma que, somadas todas as despesas de mesma espécie, realizadas e a realizar, previstas no programa de trabalho, não sejam ultrapassadas os limites estabelecidos para os três exercícios;
   b) a criação, expansão ou aperfeiçoamento de ação governamental que acarrete aumento da despesa será acompanhada de estimativa do impacto orçamentário financeiro nos exercícios em que se der o aumento;
   c) a despesa obrigatória de caráter continuado é a despesa corrente derivada de lei, medida provisória ou ato administrativo normativo que fixem para o ente a obrigação legal de sua execução por um período superior a dois exercícios;
   d) a criação da despesa obrigatória de caráter continuado dar-se-á mediante comprovação de que não afetará as metas de resultados fiscais, devendo seus efeitos financeiros, nos períodos seguintes, ser compensados pelo aumento de receita ou pela redução de despesa;
   e) as condições para aumento ou criação da despesa obrigatória de caráter continuado não se aplicam ao serviço da dívida nem à implantação de planos de carreira dos servidores.

Comentários

Em realidade, a assertiva B está incompleta e, portanto, não atende à questão conforme o gabarito da banca examinadora. O art. 16 da LRF trata do aumento de despesa derivado da criação, expansão ou aperfeiçoamento de ação governamental. O aumento deverá ser acompanhado de estimativa do impacto orçamentário assim como de declaração do ordenador de despesa.

Essa estimativa do impacto orçamentário-financeiro deve ser para o exercício em que deve entrar em vigor e para os dois subsequentes e a declaração do ordenador de despesa de que esse aumento tem adequação orçamentária e financeira com a Lei Orçamentária Anual (LOA) e compatibilidade com o Plano Plurianual e com a Lei de Diretrizes Orçamentárias (LDO).

Cabe repisar que o art. 16 não estabelece a obrigatoriedade do cumprimento desses dois requisitos: estimativa do impacto orçamentário-financeiro e declaração do ordenador de despesa para todo e qualquer aumento de despesa. Só aquele aumento que derive de criação, expansão e aperfeiçoamento de ação governamental é que deverá cumprir esses requisitos.

Gabarito: B

Sobre as outras opções, o assunto discorrido versa sobre despesas de caráter continuado e todas estão corretas. Cabe repisar que são despesas correntes derivadas de lei que venham a se realizar por um período superior a dois exercícios. Existem alguns requisitos inovadores na LRF para a criação ou aumento dessas despesas. São eles:

i)   instrução com a estimativa do impacto orçamentário e financeiro;
ii) demonstração da origem dos recursos para seu custeio;
iii) comprovação de que a despesa criada ou aumentada não afetará as Metas de Resultados Fiscais previstas no Anexo de Metas Fiscais, devendo os efeitos financeiros, nos períodos seguintes, serem compensados pelo aumento permanente de receita ou pela redução permanente de despesa.

2. **(Esaf/Analista Contábil/Sefaz-CE/2006-2007) De acordo com a Lei Complementar nº 101/2000, é correto afirmar, acerca da verificação do cumprimento aos limites da despesa com pessoal, que:**
    a)   se a despesa com pessoal exceder o limite, os gastos com cargos em comissão ou funções de confiança deverão ser reduzidos no mínimo em 20%;
    b)   se a despesa com pessoal exceder a 95% do limite, é vedada, ao poder ou órgão em que incorrer, a concessão de aumento decorrente da revisão geral anual de remuneração;
    c)   se a despesa com pessoal exceder o limite, o excesso deve ser eliminado nos dois quadrimestres seguintes, sendo no mínimo metade no primeiro;
    d)   se a despesa com pessoal exceder o limite, e não alcançada a redução no prazo estabelecido, enquanto perdurar o excesso, o ente não poderá receber transferências constitucionais;
    e)   a verificação do cumprimento aos limites será efetuada quadrimestralmente, comparando o mês atual com os 11 meses anteriores.

Comentários

A assertiva C está incorreta porque quando as despesas totais com pessoal excederem o limite traçado, o excedente terá de ser eliminado nos dois quadrimestres seguintes, **sendo pelo menos 1/3 no primeiro**.

A assertiva A está correta porque o intuito poderá ser viabilizado também através das providências arroladas a seguir constantes nos §§ 3º e 4º do art. 169, da CF:
a) redução em pelo menos 20% das despesas com cargo em comissão e funções de confiança;
b) exoneração dos servidores não estáveis;
c) caso essas medidas não forem suficientes para garantir o cumprimento da determinação da LRF, o servidor estável poderá perder o cargo, desde que ato normativo motivado de cada um dos Poderes especifique a atividade funcional, o órgão ou unidade administrativa objeto da redução.

É facultada a redução temporária de jornada de trabalho com adequação dos vencimentos à nova carga horária.

A redução de valores ou a extinção de cargos e funções foi considerada inconstitucional liminarmente, tendo em vista que a CF veda a redução de vencimentos (art. 39, 3 c/c art. 7º, inciso VI, da CF). Portanto, enquanto não julgado o mérito, essa previsão fica suspensa (ADIn nº 2.238-5).

A assertiva D está incorreta porque, não alcançada a redução no prazo estabelecido e enquanto perdurar o excesso, o ente não poderá:
I – receber transferências voluntárias;
II – obter garantia, direta ou indiretamente, de outro ente;
III – contratar operações de crédito, ressalvadas as destinadas ao refinanciamento da dívida mobiliária e as que visem à redução das despesas com pessoal.

Essas proibições estão suspensas até o julgamento do mérito da ADIn nº 2.238-5.

A assertiva B está incorreta porque quando as despesas com pessoal ultrapassarem 95% do limite imposto pela citada lei, algumas vedações se fazem presentes, a saber:
a) concessão de vantagem, aumento, reajuste ou adequação de remuneração a qualquer título, salvo os derivados de sentença judicial ou de determinação legal ou contratual, ressalvada a revisão prevista no inciso X do art. 37 da CF;
b) criação de cargo, emprego ou função;

c) alteração de estrutura de carreira que implique aumento de despesa;
d) provimento de cargo público, admissão ou contratação de pessoal a qualquer título, ressalvada a reposição decorrente de aposentadoria ou falecimento de servidores das áreas de educação, saúde e segurança;
e) contratação de hora extra, salvo no caso do disposto no inciso II do do art. 57 da CF e as situações previstas na LDO.

A assertiva E está incorreta porque, finalmente, a verificação do cumprimento aos limites será efetuada comparando o mês atual com os 11 meses anteriores.

Gabarito: A

3. **(Esaf/Analista Contábil/Sefaz-CE/2006-2007) Segundo a Lei Complementar nº 101/2000, acerca da renúncia de receita, pode-se afirmar que:**
    a) a concessão da renúncia de receita deve estar acompanhada de estimativa do impacto orçamentário-financeiro, nos próximos três exercícios;
    b) uma das condições para a concessão de renúncia de receita é a adoção de medidas compensatórias, por meio da redução das despesas;
    c) as condições para a renúncia de receita não se aplicam em caso de redução das alíquotas do imposto de renda;
    d) a renúncia de receita condicionada à adoção de medidas compensatórias entra em vigor após verificado o efeito das medidas;
    e) não se compreende, na renúncia de receita, a redução indiscriminada de tributos ou contribuições.

Comentários

Quanto às formas de renúncias de receitas, temos as formalizações através dos arts. 11 até 14 da LRF nº 101/2000.

Não são consideradas Renúncias de receitas as alterações das alíquotas dos impostos apresentados no art. 153, incisos I, II, III, IV e V da CF/1988, sobre impostos de importações e de exportações, IPI e IOF.

> Art. 14. A concessão ou ampliação de incentivo ou benefício de natureza tributária da qual decorra renúncia de receita deverá estar acompanhada de estimativa do impacto orçamentário-financeiro no exercício em que deva iniciar sua vigência e nos dois seguintes **(assertiva A está incorreta)**, atender ao disposto na lei de diretrizes orçamentárias e a pelo menos uma das seguintes condições:
> I – demonstração pelo proponente de que a renúncia foi considerada na estimativa de receita da lei orçamentária, na forma do art. 12, e de que não afetará as metas de resultados fiscais previstas no anexo próprio da lei de diretrizes orçamentárias;

II – estar acompanhada de medidas de compensação, no período mencionado no *caput*, por meio do aumento de receita, proveniente da elevação de alíquotas, ampliação da base de cálculo, majoração ou criação de tributo ou contribuição. **(Assertivas B e C estão incorretas)**

§ 1º. A renúncia compreende anistia, remissão, subsídio, crédito presumido, concessão de isenção em caráter não geral, alteração de alíquota ou modificação de base de cálculo que implique redução discriminada de tributos ou contribuições, e outros benefícios que correspondam a tratamento diferenciado.

§ 2º. Se o ato de concessão ou ampliação do incentivo ou benefício de que trata o *caput* deste artigo decorrer da condição contida no inciso II, o benefício só entrará em vigor quando implementadas as medidas referidas no mencionado inciso. **(Assertiva D está incorreta)**

§ 3º. O disposto neste artigo não se aplica:

I – às alterações das alíquotas dos impostos previstos nos incisos I, II, IV e V do art. 153 da Constituição, na forma do seu § 1º;

II – ao cancelamento de débito cujo montante seja inferior ao dos respectivos custos de cobrança.

Gabarito: E

4. **(FCC/Auditor/TCE-AM/2007) O relatório de gestão fiscal emitido pelos titulares dos Poderes e órgãos indicados no art. 20 da LRF será emitido a cada:**
   a) mês;
   b) bimestre;
   c) trimestre;
   d) quadrimestre;
   e) semestre.

Comentários

O Relatório de Gestão Fiscal (RGF) é de apresentação obrigatória por todos os poderes e respectivos órgãos. Deverá ser publicado até 30 dias após o final de cada quadrimestre e conterá demonstrativos com os limites de que trata a LRF dos seguintes montantes:

i) a despesa total com pessoal, evidenciando as despesas com ativos, inativos e pensionistas;
ii) dívida consolidada;
iii) concessão de garantias e contragarantias;
iv) operações de crédito;
v) demonstrativo dos limites;
vi) medidas corretivas adotadas ou a adotar, se ultrapassado qualquer dos limites.

Atenção ao breve quadro comparativo entre RGE e RREO:

RREO	RGF
Elaboração e publicação bimestral	Elaboração e publicação quadrimestral
Obrigação do Poder Executivo	Obrigação de todos os Poderes e órgãos
Abrange todos os Poderes e o Ministério Público e será elaborado pelo Executivo	

Gabarito: D

5. **(FCC/Auditor/TCE-AM/2007) Na despesa total de pessoal, para fins de verificação dos limites definidos na Lei de Responsabilidade Fiscal não será computada a despesa com:**
   a) vantagens variáveis;
   b) indenização por demissão de servidores ou empregados;
   c) gratificações;
   d) horas extras;
   e) encargos sociais e contribuições recolhidas pelo ente às entidades de previdência.

Comentários

As despesas com pessoal, para fins desse limite, correspondem ao somatório dos gastos do ente da Federação com os ativos, os inativos e os pensionistas, relativos a:
- mandatos eletivos;
- cargos, funções ou empregos;
- civis, militares e de membros de Poder;
- com quaisquer espécies remuneratórias, tais como vencimentos e vantagens, fixas e variáveis, subsídios, proventos da aposentadoria, reformas e vantagens pessoais de quaisquer natureza;
- encargos sociais e contribuições recolhidas pelo ente às entidades de previdência.

As despesas com sentenças judiciais também estão incluídas nos limites expostos. Vale elencar também as despesas que não são computadas para tal enfoque:
- indenização por demissão de servidores ou empregados;
- incentivos à demissão voluntária;
- aplicação do disposto no inciso II do art. 57 da CF;
- decisão judicial de período anterior ao da apuração;
- pessoal, do DF, Amapá e Roraima, de recursos transferidos pela União;
- inativos, mesmo por intermédio de fundo específico com recursos de contribuições dos segurados; da compensação financeira e receitas diretamente arrecadadas por fundo vinculado, inclusive o produto da alienação de bens, direitos e ativos, bem como seu superávit financeiro.

Gabarito: B

6. (FCC/TCE-MG/2007) A respeito da receita pública, a Lei de Responsabilidade Fiscal dispõe que:

a) a instituição, previsão e efetiva arrecadação das receitas originárias e derivadas constituem requisitos essenciais da responsabilidade na gestão fiscal;
b) as transferências voluntárias de receitas públicas de um ente da federação para outro não podem sofrer quaisquer espécies de restrições ou suspensões;
c) o montante previsto para as receitas de operações de crédito poderá ser superior ao das despesas de capital constantes do projeto de lei orçamentária;
d) a reestimativa de receita por parte do Poder Legislativo só será admitida se comprovado erro ou omissão de ordem técnica ou legal;
e) o cancelamento de débito não é permitido, seja qual for o seu valor.

Comentários

A assertiva A está incorreta porque a instituição, previsão e efetiva arrecadação das receitas derivadas constituem requisitos essenciais da responsabilidade na gestão fiscal. Receitas derivadas correspondem às receitas públicas derivadas da coercitividade e compulsoriedade na sua exigência, como os tributos. Já as receitas originárias correspondem às receitas públicas oriundas das rendas produzidas pelos ativos do setor público, como as receitas patrimoniais e receitas comerciais. Não estão abrangidas pela LRF.

A assertiva B está incorreta porque a LRF, no intuito de conter o déficit, explicita condições para a realização de transferências voluntárias:

i) os recursos não poderão ser usados para pagar pessoal (art. 167, X, CF);
ii) o ente beneficiado comprovará que nada deve ao concessor e que vem aplicando os mínimos relativos à Educação e à Saúde;
iii) o ente beneficiado também comprovará que vem se sujeitando aos limites de endividamento e de gastos de pessoal, bem assim que cobra todos os tributos de sua competência;
iv) o ente beneficiado demonstrará que previu, em orçamento, a parte financeira que lhe cabe no convênio.

A assertiva C está incorreta desde a CF/1988. O que a LRF fez foi apenas trazer à tona novamente assunto já discutido e bastante relevante, evitando que despesas correntes, como pessoal e custeio, sejam financiadas através do endividamento público. É a famosa regra de ouro da doutrina fiscal, muito cobrada em concursos públicos.

Veja esta questão: é possível vender veículos para aplicar esses recursos de modo a custear um programa de suplementação alimentar infantil?

Um dos pilares da LRF veda a aplicação da receita de capital derivada da alienação de bens e direitos que integram o patrimônio público para o financiamento de despesa corrente.

Assim, não é possível alienação de veículos ou de qualquer outro bem ou direito e utilização dessa receita para financiamentos de despesas correntes.

O art. 44 estabelece que essas receitas só poderão ser utilizadas em despesas de capital, tendo como única exceção a destinação, por lei, aos regimes de previdência social, geral e própria dos servidores.

A assertiva E está incorreta porque de acordo com o art. 14 da LRF, a concessão ou ampliação de incentivo ou benefício de natureza tributária da qual decorra renúncia de receita não se aplica ao cancelamento de débito cujo montante seja inferior ao dos respectivos custos de cobrança. Ou seja, o cancelamento de débito é permitido quando seu valor for menor que o dos custos de cobrança.

A assertiva D está correta porque aquilo que a doutrina já ensinava, a LRF expressamente determina que o Legislativo só alterará a Receita prevista, após provar, com rigor, que houve erro de estimativa orçamentária. (art. 12 § 1º, LRF). Afasta-se aqui a prática da superestimação que respalda emendas à lei de meios.

Gabarito: D

7. **(FCC/TRE-PB/2007) No que toca à despesa pessoal, a Lei de Responsabilidade Fiscal determina que:**
    a) em até três quadrimestres, tal gasto retome seu limite máximo;
    b) o limite prudencial corresponde a 90% do limite máximo;
    c) os limites são antepostos somente para todo o nível de governo, nunca para cada Poder estatal;
    d) os subsídios dos mandatos eletivos e o pagamento de pensionistas integram ambos o cômputo daquele gasto público;
    e) a apuração considera apenas o gasto havido no mês anterior, proporcionalmente à receita corrente líquida.

Comentários

A assertiva A está incorreta porque quando as despesas com pessoal excederem o limite traçado pela LRF, **o excedente terá de ser eliminado nos dois quadrimestres seguintes, sendo pelo menos 1/3 no primeiro.**

A assertiva B está incorreta porque o limite prudencial corresponde a 95% do limite máximo e é uma espécie de sinal de advertência para quando o ente, órgão ou Poder estiver muito próximo do limite global. Trata-se de uma regra extremamente importante para evitar que os entes atinjam os limites de despesa de pessoal.

É bom lembrar que os Poderes ou órgãos, antes mesmo de atingirem o limite prudencial, já deverão ter sido alertados pelos Tribunais de Contas ao atingirem 90% do limite de despesa de pessoal.

A **assertiva C está incorreta** porque os limites são antepostos para todo o nível de governo e dentro dele para cada Poder estatal, da seguinte forma:

A repartição dos limites globais não poderá exceder os seguintes percentuais:

	50%	60%	60%	60%
	Federal	Estadual	Estadual, se houver Tribunal de Contas dos Municípios	Municipal
Legislativo	2,5%	3%	3,4%	6%
Judiciário	6%	6%	6%	Não há
Executivo	40,9%	49%	48,6%	54%
Ministério Público	0,60%	2%	2%	Não há

A **assertiva E está incorreta** porque nos Estados em que houver Tribunal de Contas dos Municípios, os percentuais definidos para o Legislativo e Executivo, na esfera estadual, serão, respectivamente, acrescidos e reduzidos em 0,4%.

A apuração considera apenas o gasto havido no mês com os observados nos 11 meses anteriores, proporcionalmente à receita corrente líquida (RCL).

A **assertiva D está correta** porque os proventos dos aposentados e pensionistas, embutidos, neles todos, adicionais, gratificações, horas extras e qualquer outro tipo de acréscimo, bem como os subsídios dos mandatos eletivos integram ambos o cômputo da despesa de pessoal.

Gabarito: D

8. **(FCC/ICMS-SP/2006) De acordo com a Lei de Responsabilidade Fiscal, para o equilíbrio das contas públicas, dentre outras ações inclui-se:**
    a) o impedimento absoluto de renúncia de receita;
    b) o impedimento absoluto da existência de restos a pagar;
    c) o aumento da carga tributária por meio de tributação regressiva;
    d) a fixação de limites e condições na geração de despesas com pessoal;
    e) a vedação de operações de crédito.

Comentários

Existem limites e condições na geração de despesas com pessoal na LRF. O somatório das despesas com pessoal no mês vigente com as verificadas nos 11 meses anteriores não pode exceder os percentuais da receita corrente líquida de acordo com a esfera de competência respectiva:

I – União: 50%;
II – Estados: 60%;
III – Municípios: 60%.

As despesas com pessoal, para fins desse limite, correspondem ao somatório dos gastos do ente da Federação com os ativos, os inativos e os pensionistas, relativos a:
- mandatos eletivos;
- cargos, funções ou empregos;
- civis, militares e de membros de Poder;
- com quaisquer espécies remuneratórias, tais como vencimentos e vantagens, fixas e variáveis, subsídios, proventos da aposentadoria, reformas e vantagens pessoais de quaisquer natureza;
- encargos sociais e contribuições recolhidas pelo ente às entidades de previdência.

As despesas com sentenças judiciais também estão incluídas nos limites expostos.

Como se apura a receita corrente líquida?

Ela será apurada somando-se as receitas arrecadas no mês em referência e nos 11 anteriores, excluídas as duplicidades (art. 2º, da LRF).

O que é mês de referência?

O mês de referência ou atual é o mês imediatamente anterior àquele em que a receita corrente líquida estiver sendo apurada (art. 6º, parágrafo único, da Portaria STN nº 589/2001).

Gabarito: D

9. **(FGV/ICMS-RJ/2009) A respeito da Lei de Responsabilidade Fiscal, assinale a afirmativa incorreta.**
    a) Buscou, dentre seus objetivos, a socialização de eventuais dívidas de prefeituras e estados deficitários.
    b) Impôs normas de planejamento e controle das contas públicas, definindo critérios transparentes para estimativas de receitas e redefinindo os limites e critérios de controle de gastos de pessoal.
    c) Fixou procedimentos de ampliação de despesas obrigatórias de caráter continuado, estabelecendo regras severas relativas ao endividamento público.

d) Buscou, dentre seus objetivos, limitar o uso da máquina administrativa por governantes em fim de mandato.
e) Buscou, dentre seus objetivos, fortalecer o controle centralizado das dotações orçamentárias.

Comentários

A assertiva A está incorreta porque a Lei de Responsabilidade Fiscal (LRF) talvez seja o primeiro exemplo de *accountability* (prestação de contas à sociedade) no serviço público brasileiro. O gestor governamental, após a conclusão do mandato, se vê obrigado a prestar contas e pode ser responsabilizado pelo estado das finanças do Estado.

A LRF representou um largo avanço nessa direção, responsabilizando e punindo homens públicos que gastam sem controle, se endividam mais do que podem e transferem para sucessores os buracos financeiros que encontraram acrescidos dos que criaram em sua gestão.

Quando foi promulgada, em 2000, a lei fiscal foi comemorada como um marco de qualidade na gestão pública, uma trava para governantes aventureiros. É uma lei complementar que regula o art. 163 da Constituição Federal, definindo normas de finanças públicas voltadas para a responsabilidade na gestão fiscal. Abrange União, Estados e Municípios, seus poderes e suas entidades da Administração Indireta, excluídas as empresas que não dependem do Tesouro do ente ao qual se vinculam.

As demais assertivas estão de acordo com os princípios norteadores da LRF:
- ação planejada e transparente;
- obediência a limites e condições no que tange à renúncia de receita, geração de despesas com pessoal, da seguridade social e outras, operações de crédito, concessão de garantia e inscrição em restos a pagar;
- cumprimento de metas de resultados entre receitas e despesas;
- prevenção de riscos e correção de desvios capazes de afetar o equilíbrio das contas públicas;
- redução do nível da dívida pública induzindo a obtenção de superávits primários, minimizando o processo de endividamento, nele inclusos os restos a pagar, requerendo limites máximos, de observância contínua, para a dívida consolidada;

- combate ao déficit limitando as despesas de pessoal, dificultando a geração de novas despesas, impondo ajustes de compensação para a renúncia de receitas e exigindo mais condições para repasses entre governos e destes para instituições privadas;
- imposição de sanções para os casos de não cumprimento das regras da lei.

Gabarito: A

10. **(FGV/Analista em gestão administrativa/Secretaria do Estado de Pernambuco/2008)** Com relação à despesa pública, analise as afirmativas a seguir:

   I. Considera-se obrigatória de caráter continuado a despesa corrente derivada de lei, medida provisória ou ato administrativo normativo que fixe para o ente a obrigação legal de sua execução por um período superior a dois exercícios.

   II. Não é considerada aumento de despesa a prorrogação da despesa criada de acordo com as regras da LC nº 101/2000, ainda que por prazo determinado.

   III. A criação, expansão ou aperfeiçoamento de ação governamental que acarretem aumento da despesa serão acompanhados, entre outras exigências, pela estimativa do impacto orçamentário-financeiro no exercício em que deva entrar em vigor e nos dois subsequentes.

   Assinale:
   a) se nenhuma afirmativa estiver correta;
   b) se somente as afirmativas I e II estiverem corretas;
   c) se somente as afirmativas II e III estiverem corretas;
   d) se somente as afirmativas I e III estiverem corretas;
   e) se todas as afirmativas estiverem corretas.

Comentários

As assertivas I e III estão corretas, e a assertiva II está incorreta porque, segundo o art. 17 da LRF, despesa obrigatória de caráter continuado é aquela despesa corrente derivada de lei, medida provisória ou ato administrativo normativo que venha a se realizar por um período superior a dois exercícios. Logo, qualquer despesa corrente que venha a se realizar por mais de dois exercícios. Um exemplo típico são as despesas de pessoal. A LRF estabeleceu alguns requisitos inovadores que devem ser verificados para que seja possível a criação ou o aumento dessas despesas. São eles: i) instrução com a estimativa do impacto orçamentário e financeiro; ii) demonstração da origem dos recursos para seu custeio; iii) comprovação de que a despesa criada ou aumentada não afetará as Metas de Resultados Fiscais previstas no Anexo de Metas Fiscais, devendo os efeitos financeiros, nos períodos seguintes, ser compensados pelo aumento permanente de receita ou pela redução permanente de despesa.

Gabarito: D

11. **A Lei de Responsabilidade Fiscal talvez seja o primeiro exemplo de *accountability* (prestação de contas à sociedade) no serviço público brasileiro. O gestor governamental, após a conclusão do mandato, se vê obrigado a prestar contas e pode ser responsabilizado pelo estado das finanças do Estado. A Lei de Responsabilidade Fiscal contribuiu muito para diminuir a irresponsabilidade com o caixa. Só a título de exemplo, em 2003, tínhamos muitos casos de governadores que deixavam dois, três até quatro salários de servidores atrasados para o sucessor. Hoje, os Estados já negociaram os níveis de endividamento com a União, que é um dos principais itens dessa lei. Assinale a assertiva incorreta.**

    a) Segundo a Lei de Responsabilidade Fiscal, a despesa corrente derivada de lei, medida provisória ou ato administrativo normativo que fixe para o ente a obrigação legal de sua execução por um período superior a dois exercícios será considerada despesa obrigatória de caráter permanente.

    b) Sobre renúncia de receita é correto afirmar que deve atender a uma dentre duas condições legais: demonstração de que a renúncia foi considerada na estimativa de receita da lei orçamentária e que não afetará metas de resultados fiscais ou estar acompanhada de medidas de compensação, por meio de aumento de receita tributária ou de contribuição.

    c) Acerca do controle da despesa com pessoa estabelecido na Lei de Responsabilidade Fiscal, pode-se afirmar que é nulo o ato aumentativo da despesa com pessoal que não indique a fonte dos recursos para o seu custeio.

    d) Dispensada do relatório de gestão fiscal (RGF) está a movimentação financeira de empresas estatais que do erário nunca recebem recursos para custeio.

    e) A Lei Complementar nº 101/2000, entre as diversas diretrizes acerca das transferências voluntárias, estabelece que não é exigência para a realização de transferências voluntárias a existência de prévia dotação orçamentária que a autorize.

Comentários

A assertiva A está correta porque, segundo o art. 17 da LRF, despesa obrigatória de caráter continuado é aquela despesa corrente derivada de lei, medida provisória ou ato administrativo normativo que venha a se realizar por um período superior a dois exercícios. Um exemplo típico são as despesas de pessoal. A LRF estabeleceu alguns requisitos inovadores que devem ser verificados para que seja possível a criação ou o aumento dessas despesas. São eles: i) instrução com a estimativa do impacto orçamentário e financeiro; ii) demonstração da origem dos recursos para seu custeio; iii) comprovação de que a despesa criada ou aumentada não afetará as Metas de Resultados Fiscais previstas no Anexo de Metas Fiscais, devendo os efeitos financeiros, nos períodos seguintes, ser compensados pelo aumento permanente de receita ou pela redução permanente de despesa.

A assertiva B está correta porque, segundo o art. 14:

> a concessão ou ampliação de incentivo ou benefício de natureza tributária da qual decorra renúncia de receita deverá estar acompanhada de estimativa do impacto orçamentário-financeiro no exercício em que deva iniciar sua vigência e nos dois seguintes, atender ao disposto na lei de diretrizes orçamentárias e a pelo menos uma das seguintes condições:
> I – demonstração pelo proponente de que a renúncia foi considerada na estimativa de receita da lei orçamentária, na forma do art. 12, e de que não afetará as metas de resultados fiscais previstas no anexo próprio da lei de diretrizes orçamentárias;
> II – estar acompanhada de medidas de compensação, no período mencionado no *caput*, por meio do aumento de receita, proveniente da elevação de alíquotas, ampliação da base de cálculo, majoração ou criação de tributo ou contribuição.

A assertiva C está correta porque é nulo o ato aumentativo da despesa com pessoal que não indique a fonte dos recursos para o seu custeio, bem como que promova a vinculação ou equiparação de quaisquer espécies remuneratórias assim como seja expedido no último semestre do mandato do titular do respectivo poder ou órgão. Também é nulo o ato aumentativo da despesa com pessoal que, mediante concessão de vantagem ou aumento de remuneração, não esteja previsto na lei de diretrizes orçamentárias ou não tenha prévia dotação orçamentária suficiente.

A assertiva D está correta porque a movimentação financeira de empresas estatais que só dependem do erário para aporte acionário, isto é, não dependem do Estado para custeio de atividades, como a Caixa Econômica Federal e o Banco do Brasil, não está contemplada no relatório de gestão fiscal. São empresas independentes do Estado nesse prisma.

A assertiva E está incorreta porque a LRF estabelece que para as transferências é obrigatória a autorização em lei específica bem como atendimento à lei de diretrizes orçamentárias e existência de dotação orçamentária que a suporte. Cabe repisar que as transferências voluntárias representam o repasse de recursos entre níveis de governos, sem que, para tanto, haja imposição legal ou constitucional. Nada a ver, portanto, com os repasses de ICMS, FPM, IPVA que, na verdade, derivam de obrigação constitucional de um ente para com outro. Acontece transferência voluntária quando o governo federal envia dinheiro para certo município construir uma escola ou quando o governo do estado ajuda a promover evento cultural numa determinada cidade.

Gabarito: E

12. No dia 27 de maio de 2009, foi publicada a Lei Complementar nº 131, que altera alguns dispositivos da Lei de Responsabilidade Fiscal, quando acrescenta dispositivos à Lei Complementar nº 101, de 4 de maio de 2000, que estabelece normas de finanças públicas voltadas para a responsabilidade na gestão fiscal e dá outras providências, a fim de determinar a disponibilização, em tempo real, de informações pormenorizadas sobre a execução orçamentária e financeira da União, dos estados, do Distrito Federal e dos municípios. Assinale a assertiva correta.

   a) A referida Lei Complementar ainda vem assegurar que qualquer cidadão, partido político, associação ou sindicato são partes legítimas para denunciar ao respectivo Tribunal de Contas exclusivamente o descumprimento das prescrições estabelecidas na Lei de Responsabilidade Fiscal.
   b) A transparência será assegurada mediante, dentre outros instrumentos, a liberação ao pleno conhecimento e acompanhamento da sociedade, com uma defasagem de 24 horas, de informações sobre a execução orçamentária e financeira, em meios eletrônicos de acesso público.
   c) Os entes da federação disponibilizarão a qualquer pessoa física ou jurídica, quanto à despesa, todos os atos praticados pelas unidades gestoras no decorrer da execução da despesa, no momento de sua realização, com a disponibilização máxima dos dados referentes ao número do correspondente processo, ao bem fornecido ou ao serviço prestado, à pessoa física ou jurídica beneficiária do pagamento e, quando for o caso, ao procedimento licitatório realizado.
   d) Os entes da federação disponibilizarão a qualquer pessoa física ou jurídica, quanto à receita: o lançamento e o recebimento de toda a receita das unidades gestoras, inclusive referente a recursos extraordinários.
   e) No que tange aos prazos para a disponibilização da informação à sociedade, vale-se de seis meses para a União, os estados, o Distrito Federal e os municípios com mais de 100.000 habitantes.

Comentários

A assertiva A está incorreta porque:

> Art. 73-A. Qualquer cidadão, partido político, associação ou sindicato é parte legítima para denunciar ao respectivo Tribunal de Contas e ao órgão competente do Ministério Público o descumprimento das prescrições estabelecidas nesta Lei Complementar.

A assertiva B está incorreta porque:

> Parágrafo único. A transparência será assegurada também mediante:
> I – incentivo à participação popular e realização de audiências públicas, durante os processos de elaboração e discussão dos planos, lei de diretrizes orçamentárias e orçamentos;
> II – liberação ao pleno conhecimento e acompanhamento da sociedade, em tempo real, de informações pormenorizadas sobre a execução orçamentária e financeira, em meios eletrônicos de acesso público;
> III – adoção de sistema integrado de administração financeira e controle, que atenda a padrão mínimo de qualidade estabelecido pelo Poder Executivo da União e ao disposto no art. 48-A. (NR)

A assertiva C está incorreta porque:

> Art. 48-A. Para os fins a que se refere o inciso II do parágrafo único do art. 48, os entes da Federação disponibilizarão a qualquer pessoa física ou jurídica o acesso a informações referentes a:
> I – quanto à despesa: todos os atos praticados pelas unidades gestoras no decorrer da execução da despesa, no momento de sua realização, com a disponibilização mínima dos dados referentes ao número do correspondente processo, ao bem fornecido ou ao serviço prestado, à pessoa física ou jurídica beneficiária do pagamento e, quando for o caso, ao procedimento licitatório realizado.

A assertiva D está correta porque:

> II – quanto à receita: o lançamento e o recebimento de toda a receita das unidades gestoras, inclusive referente a recursos extraordinários.

A assertiva E está incorreta porque:

> Art. 73-B. Ficam estabelecidos os seguintes prazos para o cumprimento das determinações dispostas nos incisos II e III do parágrafo único do art. 48 e do art. 48-A:
> I – 1 (um) ano para a União, os Estados, o Distrito Federal e os Municípios com mais de 100.000 (cem mil) habitantes;
> II – 2 (dois) anos para os Municípios que tenham entre 50.000 (cinquenta mil) e 100.000 (cem mil) habitantes;
> III – 4 (quatro) anos para os Municípios que tenham até 50.000 (cinquenta mil) habitantes.

Gabarito: D

Capítulo 6

Sistema tributário nacional. Finanças públicas brasileiras. Reforma tributária

• • •

1. (Esaf/Treinamento avançado/AFRFB/2009) Sobre o primeiro governo Lula, podemos afirmar, exceto:
    a) o governo Lula se pautou, assim como o seu antecessor Fernando Henrique Cardoso (FHC), em uma política de obtenção de superávits primários como condição *sine qua non* para a estabilidade econômica e crescimento sustentado;
    b) o perfil de ajuste fiscal se deu em cima de um caráter concentrador de renda;
    c) sobre a qualidade da composição do gasto público, a crítica que se faz ocorre em virtude da redução das taxas de investimento;
    d) a política executada pelo primeira gestão Lula é tipicamente expansionista.

Comentários

A assertiva A está correta porque a estabilização da relação dívida pública/PIB é tida como necessária para acalmar o "mercado", atender aos preceitos do FMI, repercutindo nas quedas do risco Brasil e da taxa de juros. O superávit primário, meta maior do governo Lula, implica em aumento de carga tributária ou pelo menos manutenção da elevada carga de tributos além de queda dos gastos primários, que são as despesas de custeio e investimento, tão necessários em um país com demandas sociais tão exacerbadas em termos de produtos e serviços oferecidos pelo Estado (educação, saúde, saneamento etc.). Essa política fiscal contracionista (aumento de impostos e queda de gastos públicos) se traduzirá em um ônus político e social gigantesco para o futuro próximo.

A assertiva B está correta porque a política fiscal tem arcado com o ônus maior dos desequilíbrios oriundos da política de estabilidade inflacionária, decorrente do manejo de câmbio e juros. São múltiplas as dimensões das restrições impostas à política fiscal, dentre elas a perda do papel anticíclico e indutor do crescimento e ainda a diminuição do seu caráter redistributivo. Um primeiro aspecto a destacar nesse perfil de ajuste fiscal é o seu caráter concentrador de renda. O aumento das despesas, das quais o maior foi o relativo aos juros, ampliou o caráter regressivo do gasto público. O fato de o aumento desse tipo de gastos ter sido financiado por ampliação de carga tributária num regime reconhecidamente regressivo constitui um fator adicional de concentração da renda.

A assertiva C está correta porque, dada a maior dificuldade para conter as despesas correntes, grande parte delas sujeitas a vinculações e obrigatoriedades de origem constitucional, os cortes terminaram por se concentrar nos investimentos. Esses últimos atingiram seus menores patamares já observados na história contemporânea do país, criando um sério constrangimento à retomada do crescimento.

A assertiva D está incorreta porque um aspecto decisivo da política fiscal na sua relação com o crescimento refere-se ao seu caráter contracionista. De um lado, retira-se poder de compra – via carga tributária – de segmentos sociais com alta propensão a consumir; de outro, transferem-se esses recursos, sob a forma de pagamento de juros, aos detentores da dívida pública, pertencentes a segmentos sociais de menor inclinação ao gasto em consumo que certamente transformarão essa renda recebida em ativos financeiros.

Gabarito: D

2. **(Esaf/Treinamento avançado/AFRFB/2009) As gestões FHC e a primeira Lula são caracterizadas por uma série de medidas de cunho político-econômico similares. Marque a única assertiva que não retrata esse contexto.**
    a) Preceitos de restrição à oferta de meios de pagamento em função de um possível repique inflacionário.
    b) Política monetária contracionista combinada com política fiscal contracionista.
    c) Obtenção de superávits primários robustos.
    d) Continuidade da política lastreada em juros altos.
    e) Políticas de gasto exorbitante e queda dos tributos.

Comentários

A política econômica adotada no campo monetário se traduziu na continuidade dos preceitos de restrição à oferta de meios de pagamento que vigorava na gestão

FHC em razão do temor inflacionário que ainda assolava a economia doméstica, dado todo o histórico e a memória inflacionária produzidos nesse país.

A política monetária contracionista (queda no estoque de moeda na economia e aumento das taxas de juros) fez companhia ao arrocho fiscal (política fiscal contracionista) provocando um ambiente de austeridade fiscal, sólidos fundamentos macroeconômicos, mas alijando do crescimento a maior parcela da população.

A continuidade de uma política macroeconômica lastreada em juros altos e obtenção de superávits primários, com metas superiores às observadas na gestão FHC, de forte corte neoliberal, causam certa frustração nas expectativas de mudanças que vigoraram quando da reeleição de Lula para a presidência.

Gabarito: E

3. **(Esaf/Treinamento avançado/AFRFB/2009) O desenho de um sistema tributário ideal está ancorado nas seguintes hipóteses e corolários, à exceção de:**
   a) imposto de renda sobre pessoas físicas que seja de fácil administração, com limite de isenção alto o suficiente para isentar pessoas de renda modesta;
   b) imposto de renda para pessoas jurídicas com isenção de pagamento em função dos dividendos e lucros recebidos;
   c) basear-se em impostos seletivos como sobre produtos de luxo e com impactos socioambientais;
   d) os tributos sobre valor adicionado são superiores aos tributos em cascata, levando-se em conta o princípio da eficiência;
   e) os tributos em cascata são mais fáceis de arrecadar.

Comentários

A assertiva A está correta porque o imposto de renda sobre pessoas físicas deve ser simples, de fácil administração, com poucas deduções, com alíquota máxima moderada, limite de isenção suficientemente alto para isentar pessoas de renda modesta e fortemente apoiado no sistema de arrecadação por desconto na fonte. O imposto de renda não precisa ter uma escala crescente de alíquotas para ser progressivo; com uma única alíquota linear e um nível de isenção já é possível fazer com que os mais ricos paguem, em impostos, uma proporção maior de sua renda.

A assertiva B está incorreta porque o imposto de renda sobre pessoas jurídicas deve ser implementado com alíquota alinhada com a alíquota máxima aplicada às pessoas físicas, com depreciação e provisões contábeis uniformes para todos os setores da economia, minimizando-se o uso de incentivos fiscais a setores ou atividades específicas.

A assertiva C está correta porque deve se basear, principalmente, em um imposto sobre consumo, do tipo IVA, preferencialmente com alíquota única e poucas exceções, assim como utilizar impostos exclusivos (conhecidos como *excise taxes*) sobre produtos de luxo e produtos com impactos socioambientais negativos (bebidas, fumo, derivados de petróleo).

As assertivas D e E estão corretas porque os tributos sobre valor adicionado são superiores aos tributos em cascata nos quesitos eficiência e harmonização internacional, embora haja evidências de que esses últimos sejam mais fáceis de arrecadar, mais baratos para administrar e menos sujeitos a flutuações do ciclo econômico.

Gabarito: B

4. **(Esaf/Treinamento avançado/AFRFB/2009) Sobre os efeitos da globalização e da necessária inserção do sistema tributário brasileiro nesse processo, marque a assertiva incorreta.**
   a) A partir da Constituição Federal de 88, uma "enxurrada" de emendas destacou a concentração das receitas a cargo da União.
   b) Emendas constitucionais fiscais permitiram a concentração de recursos orçamentários mediante a desvinculação de determinadas receitas de sua destinação original, a tida Desvinculação de Recursos da União (DRU).
   c) Uma estratégia de competição tributária consiste na eliminação da tributação na distribuição de lucros ou dividendos, eliminando a chamada dupla tributação econômica e a possibilidade da dedução dos juros sobre o capital próprio.
   d) Para atrair capital externo, o Estado tende a desonerar tributação do repatriamento dos resultados.
   e) Normas destinadas a beneficiar somente o investidor estrangeiro que investe no Brasil são incomuns.

Comentários

As assertivas A e B estão corretas porque, a partir do texto original da Constituição de 1988, houve 62 emendas (incluindo as seis emendas de revisão, de 1994), sendo que 17 dessas emendas (mais de 25% do total) afetam a chamada Constituição Tributária. Entre essas alterações destaca-se a já mencionada concentração das receitas sob a administração da União, que se deu por dois modos, utilizados concomitantemente. De um lado, foram instituídas contribuições (sociais e de intervenção no domínio econômico), o que resultou no aumento da carga tributária não compartilhada com os estados e municípios. De outro lado, foram adotadas medidas que correspondem às alterações da parte fiscal/financeira da Constituição, o que permitiu a concentração de recursos orçamentários nas mãos da União mediante a desvinculação de determinadas receitas de sua destinação original, por meio da criação, via emendas constitucionais, dos chamados Fundo Social de Emergência (FSE) (1994-1997), Fundo de Estabilização Fiscal (FEF) (1997-1999) e depois a Desvinculação de Recursos da União (DRU) (1999-2007), recentemente prorrogada até 2011 (Emenda nº 56, de 2007).

A assertiva C está correta porque, dentre as medidas que beneficiam o contribuinte de maneira geral (tanto o residente quanto o não residente), cita-se a eliminação da tributação na distribuição de lucros ou dividendos, eliminando a chamada dupla tributação econômica, e a possibilidade da dedução dos juros sobre o capital próprio (e sua tributação à alíquota de 15% quando da distribuição). Tais medidas estão previstas nos arts. 9º e 10 da Lei nº 9.249, de 1995. Porém, considerando que a não tributação dos lucros ou dividendos abrange também os remetidos para o exterior (o que inclui remessa para paraísos fiscais), e que nem todos os países desoneram a distribuição de lucros ou dividendos, a medida configura uma estratégia de competição tributária.

A assertiva D está correta porque os países tendem a diminuir a tributação dos resultados do capital estrangeiro, desonerando da tributação tanto as rendas obtidas localmente quanto o repatriamento dos resultados, seja em forma de dividendos, lucros ou juros, e também adotam outras formas desonerativas em relação a tributos internos, de forma a atrair capital externo.

A assertiva E está incorreta porque normas destinadas a beneficiar somente o investidor estrangeiro que investe no Brasil não são incomuns. A Medida Provisória nº 281, de 2006, convertida na Lei nº 11.312, de 2006, reduziu a zero as alíquotas de imposto de renda em investimentos de não residentes em títulos da dívida pública e de outros investimentos como Fundos de Investimento em Participações e Fundo de Investimentos em Empresas Emergentes, embora o foco seja o dos investimentos em títulos públicos (mas o benefício não se estendeu aos investidores baseados em paraísos fiscais). Tal situação ocorre por duas razões: a) o fato de as principais alterações econômicas ocorridas ao longo da década de 1990 terem gerado um aumento espetacular da dívida pública brasileira; b) a política fiscal do governo brasileiro tem sido voltada à produção de superávits primários com vistas a sinalizar para os credores a situação de solvência do país – traço típico da globalização – constituindo-se em aspecto que garante a credibilidade para a colocação de títulos públicos necessários à rolagem da dívida.

Gabarito: E

5. **(Esaf/Treinamento avançado/AFRFB/2009)** O Brasil se destaca pela capacidade de arrecadação e profissionalização e organização da máquina fiscal. Por outro lado, mostra características muito ruins no que diz respeito aos incentivos negativos do sistema tributário ao investimento, à poupança, ao emprego e às exportações. Sobre o assunto bastante atual e relevante, assinale a assertiva incorreta.

   a) Depois do uso excessivo de contribuições sociais de efeito cumulativo, um dos principais problemas do sistema tributário brasileiro está no ICMS.
   b) O governo federal tem sido pressionado a reduzir sua carga tributária, bem como a cumulatividade da tributação.
   c) Ainda que tenha apresentado medidas gerais de redução da carga tributária, a preferência do governo federal tem sido oferecer benefícios e isenções a setores específicos, arvorando-se o direito de escolher os beneficiários do alívio fiscal.
   d) Todas essas intervenções pontuais tornam mais complexa a estrutura tributária, ao criar exceções às regras gerais, e aumentam o espaço para evasão e distorcem os incentivos econômicos quanto às decisões de consumo e investimento.
   e) Quesitos como eficiência, harmonia com padrões internacionais e equidade (principalmente a equidade horizontal) nortearam nos últimos anos o sistema tributário nacional.

Comentários

A assertiva A está correta porque concebido originalmente como um imposto do tipo IVA, o ICMS apresenta, hoje, diversas distorções: guerra fiscal, cumulatividade parcial (inclusive sobre exportações), alta complexidade legal, não aproveitamento de créditos e sobrecarga de setores em que a arrecadação é mais fácil. Os pontos centrais de reforma do sistema brasileiro devem estar na redução do uso de contribuições sociais cumulativas e na simplificação e racionalização do ICMS.

A assertiva B está correta porque alterou-se a cobrança do PIS-Pasep e da Cofins, para permitir a compensação parcial de créditos tributários, de modo a reduzir a sua cumulatividade. Introduziu-se, também, a cobrança de Cofins sobre as importações, como forma de reduzir o viés contrário à produção nacional contido nesse tributo. Em compensação, mantendo o objetivo de minimizar a perda de receitas, as alíquotas desses tributos foram elevadas. Outras medidas gerais de abrandamento da carga tributária também foram tomadas. Houve aumento dos limites mínimos de tributação no regime Simples, reduções de alíquotas de IPI, ampliação de prazos para recolhimento de impostos e correção da tabela do Imposto de Renda Pessoa Física (IRPF). Nova correção dessa tabela está prevista no âmbito do Plano de Aceleração do Crescimento (PAC).

As assertivas C e D estão corretas porque o que se observa, por exemplo, no PAC, foram propostas de desonerações para setores como construção civil, infraestrutura, computadores e TV digital. Essa seleção de beneficiários de concessões fiscais contraria as diretrizes gerais de um bom sistema tributário, que recomendam que se use o mínimo possível esse tipo de instrumento, em nome da simplificação do sistema, da não abertura de brechas para evasão e da não distorção dos incentivos de mercado. Essa estratégia de benefícios a setores específicos não surgiu com o PAC, sendo utilizadas desde 2004. Naquele ano, foram reduzidas a zero as alíquotas do PIS/Cofins sobre produtos hortícolas, frutas, ovos, arroz, feijão, farinha, mandioca, insumos agrícolas, livros, farinha de milho e leite. Na área financeira, houve redução de alíquotas de impostos sobre seguros de vida, redução da tributação sobre aplicações financeiras de longo prazo e menor tributação sobre operações de renda variável.

Em 2005, houve nova rodada, destacando-se: as desonerações de PIS/Cofins de autopeças, leite em pó, queijos e nafta petroquímica; o regime especial de aquisição de bens de capital para empresas exportadoras – Recap; e os programas de inclusão digital e inovação tecnológica (redução do Imposto de Renda Pessoa Jurídica e da Contribuição sobre o Lucro Líquido). Em 2006, foram reduzidas alíquotas para insumos da construção civil e reduzida a zero a alíquota de IRPF incidente sobre aplicações financeiras em títulos públicos e aquisição de ações em ofertas públicas por residentes no exterior.

A assertiva E está incorreta porque a Constituição de 1988 aumentou as despesas do governo federal (em especial, na área de previdência social) e reduziu as receitas disponíveis (pelo compartilhamento da arrecadação com estados e municípios). Por isso, a União direcionou seu sistema tributário para a busca, a qualquer custo, da elevação de suas receitas próprias (não compartilhadas com estados e municípios), de modo a equilibrar as contas fiscais. Desde 1988, há o uso crescente de contribuições sociais, altamente produtivas em termos de geração de receita (e legalmente não compartilhadas com estados e municípios), de baixo custo de arrecadação para o erário, porém geradoras de todas as distorções associadas aos tributos cumulativos. Quesitos como eficiência, harmonia com padrões internacionais e equidade (principalmente a equidade horizontal) ficaram em segundo plano.

Gabarito: E

6. **(Esaf/Treinamento avançado/AFRFB/2009) Sobre o velho dilema tributação e crescimento econômico, assinale a assertiva correta.**
   a) A tributação ou desoneração sobre alguns tipos de poupança não distorce as decisões da economia sendo altamente eficiente e recomendável.
   b) A alta tributação sobre o trabalho afeta negativamente o emprego, aumentando sua produtividade marginal, estimulando o investimento e o crescimento econômico.
   c) A tributação sobre empresas é não eficiente ou não neutra no sentido de que concede vantagens competitivas às empresas mais capitalizadas e maiores.
   d) Nos casos de países menos desenvolvidos, com baixos níveis de desenvolvimento do capital físico e humano, um aumento da tributação (ainda que baseada em tributos de baixa qualidade) pode induzir uma desaceleração do crescimento econômico.
   e) O efeito positivo sobre o crescimento econômico ocorre quando se eleva a tributação a partir de uma alta taxa de imposição fiscal, como no caso brasileiro.

Comentários

A assertiva A está incorreta porque a tributação sobre rendimentos financeiros tem impacto sobre a poupança. Como é comum o tratamento favorecido a alguns tipos de poupança, tais como investimentos em habitação e fundo de previdência (no caso brasileiro temos, por exemplo, a isenção para as cadernetas de poupança), acabam ocorrendo distorções nas decisões de investimento, assim como são abertas brechas para evasão.

A assertiva B está incorreta porque há evidências empíricas, para países da União Europeia, de que alta tributação sobre o trabalho (contribuições sociais sobre a folha de pagamento, imposto sindical etc.) afeta negativamente o emprego e o crescimento econômico, pois eleva o custo do trabalho. Isso induz as empresas a substituir trabalho por automação, e o consequente uso intensivo do fator capital reduz a sua produtividade marginal, desestimulando o investimento e o crescimento econômico.

A assertiva C está correta porque os impostos sobre empresas são não neutros dado que, em geral, preveem o uso de isenções, deduções, incentivos setoriais e regimes especiais por setor ou região geográfica. Isso dá às grandes empresas vantagens competitivas sobre as menores, pois aquelas dispõem de estrutura e podem arcar com os custos de planejamento tributário. Isso gera alocação ineficiente de recursos e aumenta os riscos de insolvência. Também resulta em discriminação contra pequenas empresas, que têm acesso restrito ao mercado de crédito.

A assertiva D está incorreta porque nos casos de países menos desenvolvidos, com baixos níveis de desenvolvimento do capital físico e humano, um aumento da tributação (ainda que baseada em tributos de baixa qualidade) pode induzir uma aceleração do crescimento econômico. Isso ocorrerá se os gastos públicos, financiados por essa tributação adicional, forem de qualidade e resultarem em redução da pobreza e aumento da coesão social. Mais e melhores serviços públicos podem também aumentar a produtividade dos capitais físico e humano privados, resultando em maior crescimento. O que se espera, em geral, é que o efeito positivo sobre o crescimento ocorra quando se eleva a tributação (e os gastos públicos de qualidade) a partir de um nível inicial baixo de imposição fiscal.

A assertiva E está incorreta porque no caso de aumento da carga fiscal a partir de níveis já elevados de tributação (como é o caso brasileiro), tendem a prevalecer os efeitos de desestímulo ao investimento, à poupança e ao trabalho.

Gabarito: C

7. **(Esaf/Treinamento avançado/AFRFB/2009) O sistema tributário nacional é repleto de incoerências que são agravadas invariavelmente por diversas medidas de cunho político e pela atuação de *lobbies*, sem falar no interesse sempre do incremento de receitas tributárias. Marque a opção incorreta.**

   a) As finanças públicas brasileiras caracterizam-se por um apetite de arrecadação de impostos crescente nos últimos 20 anos, notadamente, pelo surgimento e elevação de contribuições, cujo montante arrecadado não é compartilhado com estados e municípios.

   b) O Brasil privilegia a tributação indireta em detrimento da tributação direta, tornando a carga fiscal mais regressiva e injusta, além de privilegiar tributos de péssima qualidade fiscal como os tributos cumulativos.

   c) As mudanças previstas nas propostas de reforma tributária elencam maior progressividade e maior justiça do sistema tributário, por meio da redução da carga sobre a cesta básica e da revisão dos tributos diretos.

   d) A existência de sucessivos superávits primários nas duas gestões Fernando Henrique Cardoso e Lula garantiu o controle do déficit público, reduziu a razão dívida pública/PIB, garantiu sólidos fundamentos macroeconômicos e, principalmente, mais credibilidade externa e interna.

   e) O ajuste fiscal implementado pelos dois governos assinalados anteriormente foi concentrado na elevação de tributos não cumulativos, de fácil compreensão e qualidade fiscal, a saber imposto sobre ganhos de capital e imposto sobre serviços financeiros.

Comentários

As assertivas A e B estão incorretas porque a carga tributária cresce assustadoramente nos últimos 30 anos e, mais recentemente, de forma ainda mais concentrada e injusta ao privilegiar tributos indiretos, mais regressivos, que incidem de forma mais nefasta sobre a população mais humilde bem como com a criação de contribuições federais, que não são repartilhadas com as unidades subnacionais como o CIDE, que arrecadam boa parte do PIB todos os anos.

A assertiva C está incorreta porque a reforma tributária proposta procura, ainda que de forma tímida, promover a desconcentração nos tributos indiretos ao privilegiar a cobrança de tributos diretos, progressivos, naqueles com rendas gigantescas. Além disso, pretende reduzir os tributos indiretos, notadamente, nos produtos e serviços, voltados às classes mais baixa, que arcam com pesado ônus fiscal.

A assertiva D está incorreta porque após dois governos, ideologicamente diferentes, mas com mesmas políticas macroeconômicas (fiscal, monetária e cambial), a economia doméstica alcançou credibilidade internacional, sólidos fundamentos domésticos (taxa de juros, inflação, atividade econômica, investimento direto etc), o que garantiu que o país virasse credor internacional, bons fundamentos públicos e alguma dívida social sendo paga, ainda que em doses homeopáticas...

A assertiva E está incorreta porque o ajuste fiscal realizado por FHC e Lula foi concentrado em tributos cumulativos, de péssima qualidade fiscal, difícil compreensão para a sociedade como um todo, basicamente, contribuições, isentas de partilhas com Estados e municípios.

Gabarito: E

8. **(Esaf/Treinamento avançado/AFRFB/2009) Os governos Lula e FHC são caracterizados como governos *spend and tax*, pois, a despeito das diferenças político-partidárias, assumiram posturas macroeconômicas bastante semelhantes na forma de elevados superávits fiscais e aumentos de gastos sociais, basicamente, despesas correntes ou de consumo, como programas de assistência social como Bolsa Escola e Bolsa Família. São medidas tomadas pelas duas gestões FHC e Lula nos períodos (1995/2007), exceto:**
    a) a realização de reformas no campo previdenciário, duas na gestão FHC e uma na gestão Lula;
    b) adoção de metas rígidas de superávit primário, notadamente, a partir de 1999;
    c) fortalecimento de contribuições, isentas de partilha com estados e municípios, com destaque para a majoração da alíquota da Cofins, criação da Cide, reforço da CSLL;
    d) queda da receita de IR, fruto de uma máquina de arrecadação ineficaz e morosa, menor tributação de IR na fonte de aplicações financeiras e aumento da alíquota do IPI;
    e) venda de diversos bancos estaduais, extirpando mecanismo de financiamento de déficits públicos estaduais.

Comentários

As assertivas A, B, C e E estão corretas, e a assertiva D está incorreta.

Destacam-se as seguintes medidas tomadas pelos dois governos FHC e Lula:
- a privatização de diversas empresas estatais, notadamente as empresas estaduais, alterando consideravelmente o resultado primário das mesmas;
- a venda de diversos bancos estaduais, extirpando instrumento tradicional de financiamento de déficits públicos estaduais;
- a realização de reformas no campo previdenciário, duas na gestão FHC e uma na gestão Lula;
- a renegociação das dívidas estaduais em 1997/1998, abrindo caminho para o firme ajuste fiscal de estados e municípios a partir de 1999;
- o Fundo Social de Emergência (FSE)[1] depois transformado em fundo de estabilização fiscal;
- a aprovação da Lei de Responsabilidade Fiscal (LRF), fruto de maior transparência nas contas públicas e maior controle fiscal;
- a adoção de metas rígidas de geração de superávits primários para o setor público consolidado, a partir de 1999.

Os instrumentos de aumento de receita para viabilizar o ajuste fiscal, a partir de 1999, graças a uma estratégia de fortalecimento das contribuições, isentas de partilha com estados e municípios, com destaque para a) a Contribuição Provisória sobre Movimentação Financeira (CPMF); b) o reforço da Contribuição sobre o Lucro Líquido (CSLL), sendo um Imposto de Renda sobre as pessoas jurídicas, mas não compartilhado; c) majoração da alíquota da Contribuição para o Financiamento da Seguridade social (Cofins), antigo Finsocial e d) criação da Contribuição sobre Intervenção no Domínio Econômico (Cide) em 2002. Destaca-se também o aumento da receita do IR, fruto do franco aperfeiçoamento da máquina de arrecadação, do congelamento da tabela do IR e da maior tributação associada ao recolhimento de IR na fonte sobre aplicações financeiras. Além disso, cabe referenciar a redução da receita do Imposto sobre Produtos Industrializados (IPI) em função do desinteresse do governo face à partilha com estados e municípios.

Gabarito: D

---

[1] O FSE, ou Fundo Social de Emergência, foi instituído em âmbito federal pela Emenda Constitucional de Revisão nº 1/1994 com esse nome original, com o objetivo de saneamento financeiro da Fazenda Pública Federal e de estabilização econômica, tendo seus recursos aplicados prioritariamente no custeio das ações dos sistemas de saúde e educação, benefícios previdenciários e auxílios assistenciais, assim como em despesas orçamentárias associadas a programas de relevante interesse econômico e social. Compõem o Fundo, dentre outras, receitas, o produto da arrecadação do IR incidente na fonte sobre pagamentos efetuados pela União, a parcela da arrecadação do IR sobre operações de crédito, câmbio e seguros (IOF) e 20% do produto da arrecadação de todos os impostos e contribuições da União, já instituídos ou a serem criados. O fundo provocou perdas para os municípios, que ganharam compensações com a EC nº 17/1997 (art. 3).

9. **(Esaf/AFC/CGU/2006)** A política fiscal é um instrumento importante que tem capacidade para afetar os quatro objetivos básicos da política econômica, que são crescimento do Produto Interno Bruto, controle da inflação, equilíbrio externo e distribuição de renda. Em relação à política fiscal, não se pode afirmar que:
   a) a curto prazo, a política fiscal interfere no nível de produção da economia, tanto por meio da ação direta do gasto público, como indiretamente, via tributação;
   b) a longo prazo, a política fiscal é importante no sentido de disponibilizar recursos para investimentos, que tanto podem ser públicos como privados;
   c) a política fiscal pode afetar a distribuição de renda do país de duas formas: do lado do gasto público, dirigindo-se predominantemente às classes de menor poder aquisitivo e, do lado da arrecadação, por meio de um sistema tributário progressivo;
   d) à medida que as importações de um país são determinadas pelo nível de demanda interna (entre outros fatores), a política fiscal interfere no equilíbrio externo, atuando exatamente sobre o nível de demanda, ou seja, quanto maior o gasto público e menor a tributação, maior será a demanda da economia, e, portanto, maior o volume de importações;
   e) quanto maior for o montante de poupança gerada no setor público, menor será a capacidade do país investir e maior será o ritmo de crescimento da produção.

Comentários

A assertiva A está devidamente correta porque a curto prazo, o manejo fiscal que o governo pode utilizar atende pelas variáveis G (gasto público) e T (tributação). Pela via dos gastos públicos, afeta diretamente o ritmo de atividade da economia e a demanda do mercado real ao incrementar ou reduzir as compras governamentais de bens e serviços, responsáveis pelo funcionamento e pela modernização do aparato estatal. O aumento ou a redução dos tributos, por sua vez, repercutem diretamente na renda disponível da coletividade, afetando, portanto, de forma indireta, a demanda agregada da economia, ou seja, o consumo público e privado de bens e serviços da economia.

A assertiva B está devidamente correta porque, no longo prazo, a política fiscal determina o montante de incentivos e estímulos que serão gerados para a canalização de investimentos públicos ou privados ao fomentar ou desaquecer o ritmo da atividade produtiva através de sua política de desoneração fiscal e aumento dos gastos públicos ou incremento da carga tributária e freio nos gastos públicos. O impacto da atividade fiscal na economia não é imediato, pois se exige uma série de aprovações legislativas que têm seu trâmite mais rígido e moroso. Vejam a polêmica questão da aprovação ou não da CPMF.

A assertiva C está correta porque a função distributiva tem o objetivo de tornar a sociedade mais homogênea em termos de fluxos de renda e estoque de riqueza, por meio de ferramentas de tributação e canais de transferência financeiras, subsídios às famílias e subvenções a determinados setores industriais.

O governo funciona como um grande agente redistribuidor de renda à medida que, por meio da tributação, retira recursos dos segmentos mais ricos da sociedade e os transfere para os segmentos menos favoráveis.

Em termos da distribuição pessoal da renda, a redistribuição pode ser implementada mediante uma estrutura tributária progressiva, em que os agentes mais ricos pagam uma alíquota maior de imposto.

A assertiva D está correta porque a demanda agregada é definida como a soma das variáveis de diversos atores econômicos, em que:

C – consumo privado das famílias e das empresas
I – investimento privado
G – gastos do ente governamental
X – exportações

Dessa forma, a DA (demanda agregada) corresponde ao seguinte somatório:
DA = C + I + G + X

Na outra frente, encontramos a oferta agregada (OA) compreendendo o produto mais as importações, como demonstrado a seguir:
OA = Y + M

Traduzindo para o equilíbrio do produto/renda, tem-se, como demonstrado:
Y + M = C + I + G + X ou, de forma sintética,
Y = C + I + G + X – M.

Daí, notamos que um incremento de uma das variáveis da demanda agregada, como é o caso exemplificativo dos gastos do governo (política fiscal expansionista) proporciona maior dinamização também da oferta agregada, com maior volume de importações (M) para atender uma economia em franco aquecimento. A disponibilidade interna de produtos não é suficiente para atender a todos os interesses dos consumidores.

A assertiva E está incorreta porque quanto maior for o montante de poupança gerada no setor público para pagar os juros da dívida pública, menor a capacidade de investimento público e menor o ritmo de crescimento da economia. Por outro lado, podemos também ter a leitura de que quanto maior a poupança doméstica de um país, maior é a sua capacidade de investimento, o que dinamiza ainda mais o setor produtivo. De qualquer forma, a assertiva está incorreta.

Gabarito: E

10. (Esaf/AFC/CGU/2006) Ao longo dos anos 90, o papel do Estado mudou de forma drástica, passando de um Estado-empresário, que procurava impulsionar o desenvolvimento econômico, definindo diretamente onde os fatores de produção deveriam ser alocados, para um Estado regulador e fiscal da economia. Identifique o requisito que não é necessário para que um sistema regulatório seja eficiente.

a) Uma política tarifária definida e estável.
b) A existência de marcos regulatórios claramente definidos, que detalhem as relações entre os diversos atores de cada setor, seus direitos e obrigações.
c) Um mecanismo ágil e eficiente para a solução de divergências e conflitos entre o poder concedente e a concessionária.
d) Um grande grau de garantia contra os riscos econômicos e políticos.
e) A criação de um órgão regulador do setor, dotado de especialidade, imparcialidade e autonomia nas decisões.

Comentários

A criação das agências faz parte de uma mudança na concepção do Estado brasileiro, isto é, a redefinição do papel do Estado, da sua gerência, de suas responsabilidades e da sua relação com a economia. As agências são instrumentos menos sensíveis a interesses políticos ocasionais, capazes de fazer uma regulação que não sofra solução de continuidade com as mudanças de governos. As agências reguladoras no Brasil foram criadas por Lei a partir de meados dos anos 90, após discussões no Congresso Nacional, das quais participaram os diferentes segmentos da sociedade. Agências concebidas como agentes do Estado têm autonomia em relação aos governos. As suas características principais são a independência administrativa e financeira e a sua autonomia decisória para implementar políticas do Executivo e do Legislativo. Assim, pode-se criar ambiente seguro para investimentos que viabilizam a produção, a satisfação de necessidades de serviços públicos, o crescimento econômico e a geração de empregos. Apresentamos a seguir os objetivos potenciais do regulador no processo de regulação:

1. Preços baixos para os consumidores; 2. Permitir uma receita que permita à firma obter um lucro razoável; 3. Incentivar o desenvolvimento de infraestrutura; 4. Atendimento a todos os consumidores (alcance do serviço); 5. Eficiência econômica; 6. Gerar um ritmo rápido de inovação tecnológica; 7. Assegurar serviço confiável e sem quedas; 8. Providenciar um processo regulatório estável; 9. Aceitação pública das decisões regulatórias; 10. Fomentar competição.

Gabarito: D

11. (Esaf/AFC/CGU/2006) Entre as principais medidas implementadas e que tiveram impactos positivos com relação ao ajuste fiscal realizado pelo governo federal para dar suporte às políticas macroeconômicas durante a segunda metade dos anos 90, identifique a única medida não pertinente.

a) Um importante aumento das receitas arrecadadas no nível federal por meio de contribuições sociais não compartilhadas por estados e municípios, as quais foram responsáveis pelo acentuado aumento da carga tributária.
b) Um pacto de governabilidade entre os partidos majoritários.
c) Um corte nos investimentos públicos, com consequências negativas importantes para a qualidade da infraestrutura e dos serviços públicos básicos.
d) Condições mais rígidas aplicadas à expansão da dívida pública estadual e municipal, após as renegociações realizadas em 1997/1998.
e) Implementação de um importante programa de privatização, que liberou o governo dos subsídios a empresas estatais.

Comentários

As assertivas A e D estão corretas porque, na década de 1990, as mudanças no sistema tributário brasileiro foram orientadas pela diminuição das transferências não constitucionais, imposição de severas restrições à concessão de crédito a estados e municípios, criação de novos tributos pela União (notadamente contribuições sociais, por não estarem sujeitas a transferências intergovernamentais, como a CPMF e a Cofins), elevação de alíquota dos impostos que não estivessem presentes no sistema de transferências e, finalmente, a criação de um Fundo de Estabilização Fiscal, que retira 20% das receitas destinadas aos fundos de participação de Estados e Municípios para uso da União.

A assertiva C está correta porque apesar de a privatização ter objetivos também de política industrial, como ganhos de competitividade, parque industrial diversificado e incremento da taxa de investimento da economia, as crises russa e asiática, o virtual desaparecimento do crédito internacional, as dificuldades domésticas para viabilizar os esforços de estabilização mediante a criação de uma âncora fiscal forçaram o governo a estabelecer um pacote fiscal com medidas restritivas, que desestimularam o investimento na economia doméstica, com todas as sequelas já conhecidas na infraestrutura do país e os gargalos existentes até os dias atuais.

A assertiva E está correta porque entre os benefícios da privatização em termos de ajuste fiscal, pode-se citar a utilização da receita de privatização para abater dívida e o fim dos subsídios a estatais deficitárias. Só a venda da Vale do Rio Doce pode proporcionar a utilização de recursos da ordem de R$ 5 a 6 bilhões para abater a dívida pública. Esse benefício torna-se ainda maior com a redução do pagamento de juros em decorrência da redução do estoque de dívida e da queda dos juros em razão do aumento da credibilidade do governo e da menor necessidade de captação de recursos no mercado. Sendo o custo de rolagem da dívida pública maior que a receita de dividendos, o ganho com o abate de dívida possibilita reduzir o déficit futuro do setor público e age positivamente sobre as expectativas inflacionárias.

A assertiva B está incorreta.

Gabarito: B

12. **(Esaf/AFC/CGU/2006) O Programa Nacional de Desestatização – PND foi instituído pela Lei nº 8.031, de 12/04/1990, quando a privatização tornou-se parte integrante das reformas econômicas iniciadas pelo governo brasileiro. Indique a opção incorreta com relação ao PND.**
   a) Entre 1990 e 1994, o Governo Federal desestatizou 33 empresas, sendo 18 empresas controladas e 15 participações minoritárias da Petroquisa e Petrofértil.
   b) Com as oito empresas do setor siderúrgico vendidas entre 1990/1994, o governo obteve uma receita de venda de US$ 5.562 milhões.
   c) Os títulos representativos da dívida pública federal, chamados de "moedas de privatização" foram muito utilizados como meio de pagamento em decorrência da prioridade dada pelo governo ao ajuste fiscal.
   d) No período de 1995/2002, constatou-se o aumento da utilização "de moedas de privatização" que passou a representar 95% do total arrecadado nos leilões de privatização.
   e) A privatização do capital estrangeiro foi bastante significativa no período 1995/2002, atingindo 53% do total arrecadado com todas as desestatizações realizadas no Brasil.

Comentários

Questão ingrata esta formulada pela Esaf para a prova da CGU! Requer conhecimentos bem específicos com dados numéricos e participação de capital estrangeiro nas privatizações. Contudo, quando se tem uma questão desse tipo, na maior parte das vezes, a assertiva incorreta está bem visível, facilitando uma questão aparentemente complexa. Senão vejamos:

"Moedas de privatização" ou "moedas podres" correspondem a títulos emitidos pelo governo para honrar dívidas que dificilmente seriam pagas.

Além de uma parcela importante dos valores da privatização terem sido pagos com "moedas podres" (mas não 95% como anunciado na questão!), o que assegurou descontos inacreditáveis nos preços de venda das ações das estatais, a contabilidade oficial do programa de privatizações não pode esquecer que a compra das estatais foi paga com financiamentos tomados pelos grupos privados no BNDES, concedidos a custos inferiores aos de mercado. Sem falar que o governo demitiu funcionários antes da privatização, honrando as despesas com as dispensas, assumindo dívidas trabalhistas e despesas com aposentadorias já concedidas ou a serem concedidas no futuro, mesmo que a empresa não estivesse mais sob a sua tutela.

Aproveitando a oportunidade, relembremos algumas considerações importantes sobre o tema.

O Programa Nacional de Desestatização (PND), instituído no governo Collor e marco efetivo de um movimento de privatização de grandes proporções no Brasil, postula a redução da dívida e do déficit públicos como um de seus objetivos básicos, da mesma forma que a promoção da competitividade e, adicionalmente, a democratização do controle do capital das empresas brasileiras.

Simonsen (1995, p. 13) é contundente ao reconhecer o aumento da eficiência com a privatização:

> Os sucessos da privatização na siderurgia são provas contundentes de como a iniciativa particular administra muito melhor do que o governo na produção de bens privados, mesmo quando considerados estratégicos. Desde então, essas empresas passaram a lucrar mais e aumentar seus investimentos. Estão satisfeitos os acionistas, os empregados e os compradores de produtos siderúrgicos. O governo livrou-se do pesado ônus que era a dívida da antiga Siderbrás. Só estão frustrados os políticos que miravam essas empresas como cabides de empregos.

Embora os livros tragam que a privatização dos serviços públicos ou o PND tivessem maior orientação para objetivos no campo fiscal, os resultados de cunho de política industrial foram expressivos, tais como a reestruturação dos passivos, a liberação dos preços e a desregulamentação permitiram um incremento na taxa de investimento da economia doméstica.

Gabarito: D

13. **(Esaf/APO/2005) Os dois períodos de governo do Presidente Fernando Henrique Cardoso foram marcados por mudanças estruturais importantes no campo das finanças públicas. Aponte a única opção incorreta relativa à economia pública brasileira.**
    a) O incentivo do mecanismo de emissão dos "precatórios".
    b) Privatização da maioria dos estaduais vedando-se uma janela de financiamento dos tesouros estaduais.
    c) A restrição rígida à prática das Antecipações de Recursos Orçamentários (AROs).
    d) Renegociação das dívidas estaduais e municipais.
    e) Mudanças que afetaram a Previdência Social.

Comentários

A assertiva A está incorreta porque nos dois períodos de governo FHC, o governo federal foi aperfeiçoando os seus mecanismos de controle sobre o déficit estadual e municipal a partir das seguintes mudanças:

- o fim do uso dos bancos estaduais para o financiamento dos tesouros estaduais, seja por via de privatização ou de sua transformação em banco de fomento, com regras rígidas de funcionamento, que impeçam a utilização dos seus recursos para a cobertura de gastos dos governos estaduais; **(a assertiva B está correta)**
- o maior controle das "antecipações de receitas orçamentárias" (ARO) amplamente utilizadas até 1995 como forma de os tesouros estaduais se financiarem junto ao sistema bancário e cuja prática foi seriamente limitada desde então, por parte das autoridades monetárias; **(a assertiva C está correta)**
- a renegociação das dívidas mobiliárias estaduais; **(a assertiva D está correta)**
- a inibição do instrumento "precatórios"; **(a assertiva A está incorreta)**
- a aprovação da reforma administrativa deu aos estados condições de cumprir com os dispositivos da Lei Camata, que definiu 60% o teto da despesa com pessoal em relação à receita disponível.

Gabarito: A

14. (Esaf/APO/2005) No que diz respeito à composição dos tributos no Brasil, nos últimos dez anos, indique a única opção incorreta.

a) No período de 1999/2002, cerca de cinco pontos percentuais do PIB foram acrescidos à carga tributária para conter uma expansão mais forte da dívida pública.
b) O aumento da receita impositiva processou-se, basicamente, por meio da elevação de contribuições com incidência cumulativa.
c) Para a elevação da carga tributária, contribuíram um aumento na tributação indireta e a arrecadação de outras receitas extraordinárias.
d) Agravou-se o caráter progressivo do sistema tributário brasileiro, baseado em tributos indiretos.
e) Observou-se baixa participação relativa dos impostos diretos sobre a renda e sobre a propriedade.

Comentários

A assertiva A está correta porque o esforço do ajuste está concentrado na redução das despesas nos dois focos principais do desequilíbrio fiscal: os gastos do governo federal e o déficit da Previdência. No entanto, dada a magnitude do superávit fiscal necessário, não é possível prescindir do aumento de receitas.

Como já observado, num contexto legal que impõe restrições a cortes ainda mais acentuados de despesas, a magnitude do superávit primário necessário para desencadear movimento sustentado de estabilização da relação dívida/PIB, com redução das taxas de juros e aceleração do crescimento, torna necessária a elevação tópica de receitas. E como pode ser materializada tal operação? Como seria feita essa elevação de receita? Ah, qualquer um saberia a resposta. É notório que seria por aumento de alíquotas dos tributos existentes ou então pela gênese de novos tributos. Sabe-se que nossos compatriotas do Fisco, que assessoram os legisladores, são os mais criativos do mundo no domínio do tributário, daí então os nossos 61 tributos.

Ademais, esse fato se consubstanciou com a prorrogação da CPMF com elevação da alíquota para 0,38% em 1999 e manutenção do tributo com alíquota de 0,30% em 2000 e 2001, elevação da alíquota da Cofins: com o aumento de um ponto percentual na sua alíquota, entre outras.

A assertiva B está correta porque o aumento da receita impositiva processou-se, basicamente, por meio da elevação de contribuições com incidência cumulativa, como a Contribuição para o Financiamento da Seguridade Social (Cofins) e a Contribuição Provisória sobre Movimentação Financeira (CPMF). São caracterizados por alta produtividade fiscal e distorcem a alocação de recursos.

A assertiva C está correta porque no que tange à análise da evolução da participação dos diversos tributos na arrecadação total, destaca-se a alta participação dos tributos sobre bens e serviços – que fazem parte da tributação indireta – variando entre 40% a 45% da receita total nos anos 80. Na década de 1990 essa participação aumentou, chegando a ser de mais de 50% da receita total.

A dificuldade de estabelecer um ajuste fiscal em bases permanentes levou as autoridades, ainda na fase embrionária do Real, a adotar iniciativas de criação de fontes temporárias de contenção fiscal:
- a receita do imposto provisório sobre movimentações financeiras, depois transformado em contribuição, resultado de uma alíquota incidente sobre todas as transações financeiras da economia, tendo revelado grande poder de arrecadação;
- o FSE, depois transformado em fundo de estabilização fiscal;
- a receita de concessões, ancorada nas concessões da " banda B" de telefonia celular, nos leilões das empresas da Telebrás e das "empresas-espelho" de telefonia;
- o componente extraordinário de aumento da receita de IR na fonte sobre aplicações financeiras, aprovado em fins de 1997 para vigorar em 1998. O aumento da alíquota de 15% para 20% dos rendimentos nominais implicou uma receita bruta extraordinária.

Em outras palavras, houve ao longo da segunda metade dos anos 90 uma sucessão de fatores temporários de contenção fiscal, que não se repetiram na década atual, forçando uma substituição por novas fontes de receita ou contenção de gasto para evitar uma piora fiscal.

A assertiva E está correta porque observou-se baixa participação relativa dos impostos diretos sobre a renda e sobre a propriedade. A participação dos impostos sobre o patrimônio na receita total foi em média de 1,3% nos 80, elevando para cerca de 1,8% em média na década de 1990.

Já a carga de tributos sobre a renda apresentou uma participação de 17,5% nos anos 80 e 18,2% nos anos 90.

A assertiva D está incorreta.

O sistema tributário nacional está baseado, como já vimos exaustivamente, em tributos indiretos, que são aqueles incidentes sobre os produtos e serviços, ou seja, sobre a produção e o consumo. Dessa forma, vislumbram-se mecanismos para a transferência de ônus tributário para os contribuintes finais, tornando o sistema tributário nacional ainda mais regressivo. Tanto o ajudante de obras quanto o empresário de uma multinacional pagará a mesma carga de impostos na aquisição de um litro de leite longa vida. Entretanto, o sacrifício fiscal imposto ao consumidor ajudante de obras é infinitamente maior se comparado ao verificado pelo empresário, e na realidade não há nenhuma espécie de sacrifício fiscal nesse caso hipotético.

Gabarito: D

15. **(Esaf/AFC/STN/2005) Uma importante mudança ocorreu nas contas correntes da administração pública brasileira na década de 1980, quando de uma situação superavitária o governo passou a ter constantes déficits. Identifique qual das afirmações não é correta quanto à questão da dívida pública brasileira.**
    a) Em 1981, o estoque da dívida pública líquida equivalia a mais de 20% do PIB.
    b) No ano de 1999, o estoque da dívida pública interna líquida alcançou o patamar de 37% do PIB.
    c) Até 1991, a dívida externa era o principal componente da dívida pública brasileira.
    d) Na análise da evolução da dívida pública mais recente é necessário levar em conta os passivos ocultos ("esqueletos") e o efeito de redução de dívida associado às privatizações.
    e) A dívida pública brasileira até a segunda metade dos anos 90 era superior, como percentagem do PIB, à de diversos países desenvolvidos e com economias estáveis.

Comentários

Na década de 1980, a dívida pública em relação ao PIB só não era mais acentuada porque não existia crescimento econômico, ou melhor, muitas vezes ocorreu decréscimo da atividade econômica.

A assertiva A está correta.

O período 1995/1998 (primeiro mandato de FHC) sucede o tumultuado início dos anos 90, em que se observava um déficit operacional das contas públicas artificialmente camuflado por uma inflação galopante (processo hiperinflacionário aberto). A dívida externa era o principal componente da dívida pública.

A assertiva C está correta.

Em 1995, o mecanismo de "mascarar" as contas públicas pelo fenômeno inflacionário se exauriu, e a displicência no controle da máquina pública se fez notar com toda a grandeza. Os anos 1994/1998 são tidos como de transição e são marcados por um resultado primário das contas públicas modesto ou até mesmo deficitário e, em função dos juros, a dívida pública cresceu e se tornou de certa forma preocupante. A dívida líquida do setor público (DLSP) que, no advento do Plano Real (1994) era de 30% do PIB, alcançou a cifra de 40% do PIB em 1998. O déficit primário de 0,2% do PIB na média de 1995/1998 somado às despesas de juros da ordem de 6% do PIB geraram um déficit nominal médio de 6,2% do PIB.

A assertiva B está correta.

Já no período 1999/2002 (segundo governo FHC), tido como fase do ajustamento, houve um forte arrocho fiscal e o governo obteve superávits primários robustos, que só não foram ainda mais expressivos em função de certa desconfiança no cenário externo da sustentação do ajuste, o que impedia a queda das taxas de juros, gerando uma carga de despesas financeiras e déficits elevados, que ainda alimentavam a dívida pública. O expressivo aumento da dívida pública associada à taxa de câmbio e o reconhecimento de passivos contingentes (esqueletos) acabaram elevando a dívida pública para mais de 50% do PIB no final de 2002.

A assertiva D está correta.

Países como a Itália apresentavam uma relação dívida pública/PIB bem maior que a brasileira, mas o fundamental aqui é o perfil da dívida, o prazo de maturação dos títulos e credibilidade do país no cenário internacional.

O desafio consiste em transformar um país marcado por uma dívida social imensa e por uma dívida pública crescente, com taxas de juros elevadas, altamente suscetível ao impacto dos juros de curto prazo e concentrada no curto prazo, para uma estrutura de dívida mais madura, horizonte declinante, com taxas de juros reais menores e menos dependente dos juros de curto prazo em razão de uma maturidade de vencimentos dos papéis mais alongada.

A assertiva E está incorreta.

Gabarito: E

16. **(Esaf/AFRF/2002-2) Com base na evolução da carga tributária no Brasil, nos últimos 30 anos, aponte a única opção incorreta.**
    a) Ao longo dos anos 70 e 80, a carga tributária brasileira oscilou entre 23% e 26% do PIB.
    b) A menor arrecadação verificada em alguns anos pode ser atribuída ao chamado "efeito Tanzi", que corresponde à queda de arrecadação real do governo, observada em período de aceleração inflacionária.
    c) Em 1990, ocorreu significativo aumento da carga tributária, provocado pelo Plano Collor, chegando a atingir quase 30% do PIB.
    d) Houve forte escalada tributária após a implantação do Plano Real, passando a carga tributária a representar mais de 30% do PIB no final da década de 1990.
    e) A elevação da carga tributária ocorrida nos anos 90 deveu-se, basicamente, ao aumento da carga dos tributos incidentes sobre o patrimônio e a renda.

Comentários

As assertivas A, C e D estão corretas. Da década de 1980 para cá, a carga tributária brasileira em relação ao Produto Interno Bruto (PIB) apresenta relativa estabilidade em torno do patamar de 22% até o início dos anos 90. Registra apenas dois acréscimos significativos: o primeiro, em 1990, com o aumento da arrecadação pelas medidas implementadas pelo Plano Collor, chegando a 29,46%; e o segundo em 1992, atingindo 25,13%. A partir de 1994, a carga tributária efetiva brasileira atingiu 28,93% do PIB, e recentes dados mostram que atingiu 36%.

Existe uma defasagem proveniente das datas da ocorrência das transações (fato gerador) e do efetivo recolhimento dos tributos, em épocas de acelerada inflação. A esse fenômeno de perda real da receita pública em razão dessa defasagem denominamos "efeito Tanzi" ou "efeito Oliveira-Tanzi", em homenagem aos dois economistas que estudaram de forma pioneira esse fenômeno.

A assertiva B está correta porque a elevação da carga tributária nos anos 90 deveu-se, basicamente, ao aumento da carga dos tributos incidentes sobre bens e serviços – a tributação indireta através de impostos cumulativos, não passíveis de desoneração plena, como a Cofins, o PIS, o ISS e a CPMF.

A assertiva E está incorreta porque sobre a carga dos tributos incidentes sobre o patrimônio e a renda, cabe repisar a baixa participação na arrecadação

total e a utilização de impostos tendo como base de incidência o faturamento em razão da alta produtividade fiscal e do fato de as receitas não serem partilhadas com estados e municípios.
Gabarito: E

17. **(FCC/TCE/CE/2006)** Na década de 1990, a partir do Governo Collor, iniciou-se um processo de liberalização da economia, com a lenta e gradual diminuição das alíquotas aduaneiras e das restrições às importações, acompanhado pelo início de um processo de privatização das empresas estatais, principalmente no âmbito da União. A respeito desse processo de privatização, é correto afirmar:
   a) a receita decorrente constituiu um elemento decisivo no ajuste fiscal da União, tendo contribuído para resolver definitivamente o equilíbrio das contas públicas;
   b) a opção por esse processo colocou a política econômica praticada no país em direção oposta à preconizada pela retórica do "Consendo de Washington";
   c) na primeira fase do processo (1990/1995), os setores mais importantes privatizados foram os de telecomunicações e energia elétrica;
   d) a maioria dos estudos acadêmicos conclui que o processo contribuiu de forma decisiva para o aumento do volume de emprego oferecido pelas empresas privatizadas;
   e) do ponto de vista fiscal, a privatização representou um ganho pela liberação da obrigação do Estado em efetuar investimentos nas empresas estatais.

Comentários

A assertiva A está incorreta porque a receita decorrente das privatizações não foi suficiente para realizar o duplo ajustamento externo (evitar uma crise no balanço de pagamentos) e fiscal (assegurar uma trajetória sustentável do endividamento público). Não se aperfeiçoaram os indicadores de déficit em conta corrente ou déficit público ou as razões passivo externo/PIB e dívida pública/PIB. Ou seja, os déficits externo e fiscal não foram equacionados com o fim das "megaprivatizações".

A assertiva B está incorreta porque o papel do programa de privatização dos serviços públicos – com destaque para os setores de energia elétrica e telecomunicações – e sua relação com o contexto macroeconômico funcionou como um sinalizador do comprometimento do Estado brasileiro com as "reformas de mercado" (abertura comercial, desregulamentação da economia, redução do tamanho do Estado) preconizadas no "Consenso de Washington".

A assertiva C está incorreta porque, no período 1990/1995, foi lançado o Plano Nacional de Desestatização (PND) que privilegiou a venda de empresas tradicionalmente estatais. Só com a aprovação, em fevereiro de 1995, da Lei de Concessões, foram lançadas as bases para a fase da privatização dos serviços públicos de vultosas receitas públicas, as chamadas "megaprivatizações" com destaque para os segmentos de energia elétrica e telecomunicações.

A **assertiva D está incorreta** porque os diversos estudos acadêmicos sobre o assunto privatização desde então não foram totalmente conclusivos sobre a eficiência e eficácia dos serviços prestados sem a tutela direta do Estado. Sobre o volume de empregos gerados, não se vislumbrou estudo que demonstrasse efeitos benéficos sobre o quantitativo de mão de obra gerada e a renda média. As reclamações e queixas sobre a prestação de serviços e os abusos de tarifas ainda são uma constante.

A **assertiva E está correta** porque de certa forma, a opção E é a única que traz certa luz ao debate, pois o Estado se viu desimpedido de investir de forma maciça em melhoramentos e aperfeiçoamentos em segmentos tão carentes e dispendiosos de recursos de capital como as telecomunicações e a energia elétrica.

Gabarito: E

18. **(FGV/Analista em gestão administrativa/Secretaria do Estado de Pernambuco/2008) Com relação às tendências gerais da evolução do gasto público no mundo, é correto afirmar que:**
    a) o advento de políticas de cunho neoliberal nos países desenvolvidos, a partir especialmente de fins da década de 1980, resultou em uma redução significativa do volume dos gastos públicos naqueles países;
    b) nos países chamados "em desenvolvimento", uma significativa redução dos gastos públicos foi atingida a partir da década de 1990, graças à adoção de políticas econômicas recomendadas especialmente por instituições como o FMI, o Banco Mundial e o BID;
    c) o principal expoente teórico da defesa do aumento dos gastos públicos foi o economista J. M. Keynes, que inspirou as chamadas políticas monetaristas conduzidas pelo governo norte-americano a partir de 1979;
    d) a partir da década de 1990, houve uma significativa alteração no perfil do gasto público nos países pertencentes ao chamado G-7, especialmente no sentido de um aumento no percentual de gastos destinados a políticas de caráter social;
    e) a década de 2000, no Brasil, vem sendo marcada por um intenso debate no que diz respeito ao perfil do gasto público brasileiro, especialmente na avaliação da natureza dos gastos responsáveis pelo déficit público.

Comentários

A **assertiva A está incorreta** porque o advento de políticas neoliberais nos principais países nos anos 80, como o chamado Consenso de Washington", provocou a redução do tamanho do Estado, ou melhor, a mudança do perfil da atuação do ente público, mas as demandas sociais e a dívida com a coletividade continuaram exorbitantes. Dessa forma, não houve uma redução do volume dos gastos públicos.

A assertiva B está incorreta porque nos países em desenvolvimento uma significativa redução do Estado foi proposta pela cartilha de gestão econômica do FMI, que emprestou recursos para várias economias, como o Brasil nos anos 80 e também nos anos 90. Entretanto, o que se pode creditar de falso nesta assertiva é que o processo de redução do tamanho do Estado com as privatizações, por exemplo, foi longo e o Estado continua inchado, ainda que em menores proporções.

A assertiva C está incorreta porque o principal teórico do aumento da máquina pública, o economista Keynes, inspirou várias correntes derivadas do seu pensamento como os pós-keynesianos. As chamadas políticas monetárias conduzidas pelo governo norte-americano a partir dos anos 80 colidem exatamente com o pensamento de Keynes, pois pressupõem o Estado mínimo, fora das atividades econômicas de produção, consumo e emprego. O Estado se concentrando apenas nas atividades de segurança e extraeconômicas.

A assertiva D está incorreta porque, a partir da década de 1990, não houve uma significativa alteração no perfil do gasto público nos países pertencentes ao chamado G-7, especialmente no sentido de um aumento no percentual de gastos destinados a políticas de caráter social. A década de 1990 ainda é marcada pelo Estado mínimo e pela liberalização dos mercados financeiros. O caráter social só passa a ser uma preocupação geopolítica, estratégica e não humanitária a partir da década atual.

A assertiva E está correta porque na atualidade são muitas as vozes que clamam por redução das despesas correntes do governo federal. Advogam que teriam crescido vertiginosamente, e insistem que a diminuição é condição para a retomada dos investimentos públicos e ativação da economia. A crítica que se faz aos governos FHC e Lula se dá em cima da questão de uma carga tributária exorbitante e, notadamente, de um gasto público elevado concentrado em despesas correntes (aumento de servidores, reajuste de salários dos servidores públicos, aumento dos programas de transferências, aumento do salário-mínimo, de benefícios previdenciários) que são importantes sob a ótica de distribuição de renda, mas que não repercutem em maiores possibilidades de crescimento para a economia. Dessa forma, o que se questiona é a necessidade de mudança no perfil do gasto público, privilegiando os gastos de capital (investimentos públicos) em detrimento dos gastos correntes. Contudo, vale aqui registrar que as despesas correntes da União beneficiam diretamente uma enorme massa de brasileiros que, em passado não distante, desconheciam a presença do Estado, os seus mecanismos de proteção e os seus serviços construtores de cidadania, por incipientes que sejam. Essas despesas animam a economia dos pequenos municípios espalhados pelo país, ampliam o mercado para os bens de consumo acessíveis às suas rendas, gerando empregos e impostos, retirando alguns da marginalidade e dando a outros oportunidades que não teriam.

Gabarito: E

19. Sobre os dois governos Lula, podemos assinalar que:
   a) da ótica do investimento produtivo, privilegiam-se aqueles de modernização, dirigidos à remoção de gargalos e do custo Brasil;
   b) ainda sobre o investimento, após 2003, ocorreu intenso processo de redução da capacidade produtiva de firmas exportadoras;
   c) o ciclo de crédito no Brasil reflete presença de uma massa salarial gigante e baixas taxas de juros;
   d) o padrão de política *stop and go*, típico da economia brasileira, nos últimos 25 anos, caracteriza-se por períodos de estagflação combinados com prosperidade econômica de tigres asiáticos.

Comentários

As assertivas A e B estão incorretas porque, da perspectiva do investimento produtivo, a pequena aceleração após meados de 2003 deveu-se, sobretudo, à ampliação da capacidade produtiva nas atividades exportadoras, em particular de *commodities*, primárias e industriais. Nas demais atividades, os investimentos podem ser considerados como de modernização, dirigidos à remoção de gargalos e alguma substituição de máquinas e equipamentos para aumento de produtividade, mas sem adições substantivas à capacidade de produção.

A assertiva C está incorreta porque, quanto ao consumo, têm ocorrido períodos de ampliação com alta intensidade e baixa duração. Isso por conta dos ciclos concentrados nos bens duráveis e movidos a crédito. Esse caráter do ciclo de consumo reflete a ausência de um processo contínuo de elevação da renda e taxas de juros muito altas. Dessa forma, os ciclos de consumo de duráveis tendem a ter pouco dinamismo, enquanto aqueles de bens correntes que dependem do crescimento da massa salarial tiveram desempenho ainda pior. Parte dessa tendência tem sido invertida nos últimos anos em razão do crescimento do emprego e do início de ganhos salariais em 2005. O ponto focal a ressaltar é que a combinação de baixo crescimento da massa salarial, em decorrência da situação do mercado de trabalho, e taxas de juros muito altas não propicia ciclos de crédito de maior duração.

A assertiva D está correta porque a discussão das políticas de desenvolvimento e de seus impactos na trajetória da economia brasileira supõe o esclarecimento inicial de qual tem sido o padrão recente de crescimento dessa economia. As evidências indicam que o padrão de *stop and go*, típico dos últimos 25 anos, marcados por uma alta volatilidade das taxas de crescimento, continuou a caracterizar a economia brasileira no período recente. As políticas de desenvolvimento de inspiração liberal foram incapazes de construir um novo modelo de desenvolvimento para o país, ocorrendo o mesmo no governo Lula, durante o qual as propostas de modificação mais substantivas dessas políticas ficaram no plano retórico.

Gabarito: D

Bibliografia

• • •

Livros:

BALEEIRO, A. *Uma Introdução à Ciência das Finanças*. 6. ed. Rio de Janeiro: Forense, 1969.

CRUZ, Flávio da (Coord.) et alii. *Lei de Responsabilidade Fiscal Comentada*. São Paulo: Atlas, 2000.

GIAMBIAGI, F.; ALEM, A. C. *Finanças Públicas*. Rio de Janeiro: Campus/Elsevier, 2000.

HARADA, K. *Direito Financeiro e Tributário*. 7. ed. São Paulo: Atlas, 2000.

HERBER, B.P. *Modern public finance*. 4. ed. Homewood: Richard D. Irwin, 1979.

INTERNATIONAL MONETARY FUND. TAX POLICY DIVISION, FISCAL AFFAIRS DEPARTMENT. *Tax Policy Handbook*. Washington D.C.: Parthasarathi Shome, 1999.

LONGO, Carlos Alberto. *Economia do Setor Público*. São Paulo: Atlas, 1993.

MINISTÉRIO DA FAZENDA. SECRETARIA DO TESOURO NACIONAL. *Receitas Públicas: Manual de Procedimentos: aplicado à União, Estados, Distrito Federal e Municípios*. 3. ed., Brasília, 2006.

MOTTA, Carlos Pinto Coelho et alii. *Responsabilidade Fiscal*. Belo Horizonte: Del Rey, 2000.

REZENDE, F. *Finanças Públicas*. 2. ed., São Paulo: Atlas, 2001.

RIANI, F. *Economia do Setor Público*. 3. ed., São Paulo: Atlas, 1997.

ROSTOW, W. W. *Politics and the stage of growth*. Cambridge: Cambridge University Press, 1971.

WAGNER, A. "Three extracts on public finance". In: MUSGRAVE, R.A. & PEACOCK, A.T. *Classics in the theory of public finance*. London: Macmillan, 1958, p. 1-15.

Links:
Esaf – www.esaf.fazenda.gov.br
Fiscosoft – www.fiscosoft.com.br
Ministério do Planejamento – www.planejamento.gov.br
Senado Federal – Legislação – www.senado.gov.br/legislacao
Superior Tribunal de Justiça – www.stj.gov.br

Conheça também ...

Economia para Concursos
Teoria Macroeconômica e mais de 110 questões com gabarito
de Marlos Vargas Ferreira
Série Provas e Concursos
ISBN: 978-85-352-2727-7
Páginas: 256

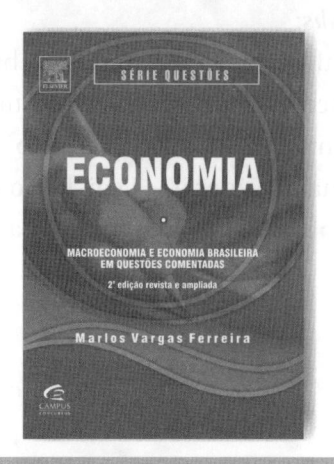

Economia
Macroeconomia e Economia brasileira em questões comentadas
de Marlos Vargas Ferreira
Série Questões
ISBN: 978-85-352-3927-0
Páginas: 296

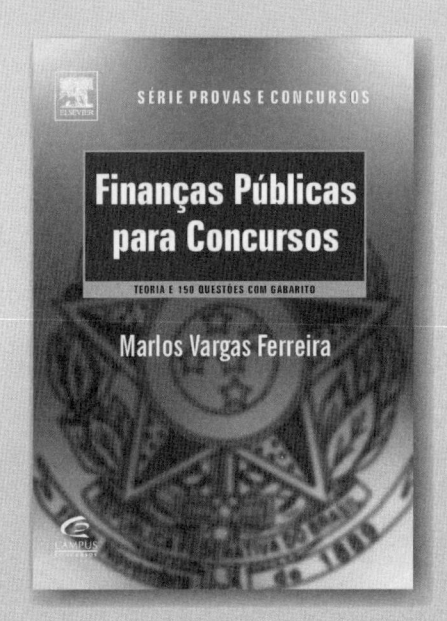

Finanças Públicas para Concursos
Teoria e 150 questões com gabarito
de Marlos Vargas Ferreira
Série Provas e Concursos
ISBN: 978-85-352-2987-5
Páginas: 240

Conheça também ...

Descomplicando a Informática
Teoria, prática e questões
de Reynaldo Telles
Série Provas e Concursos
ISBN: 978-85-352-3498-5
Páginas: 312

Raciocínio Lógico Essencial para Concursos
90 questões resolvidas e mais de 230 questões com gabarito
de Guilherme Neves
Série Provas e Concursos
ISBN: 978-85-352-3877-8
Páginas: 216

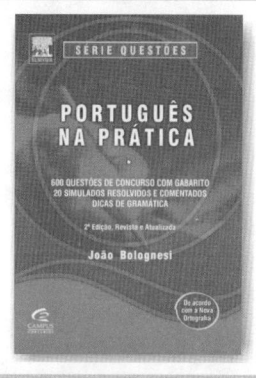

Português na Prática
600 questões de concurso com gabarito
de João Bolognesi
Série Questões
ISBN: 978-85-352-3688-0
Páginas: 440

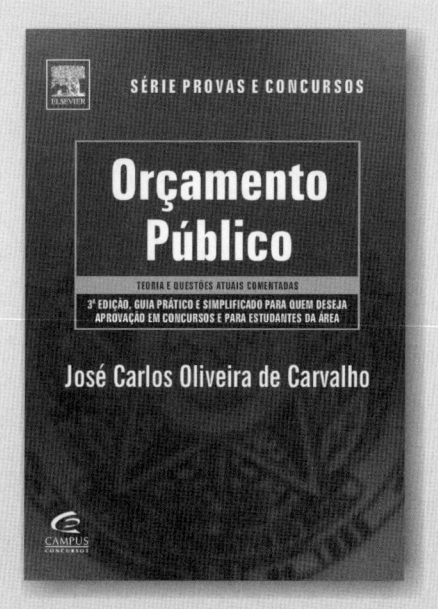

Orçamento Público
Teoria e questões atuais comentadas
de José Carlos Oliveira de Carvalho
Série Provas e Concursos
ISBN: 978-85-352-2508-2
Páginas: 256

Cartão Resposta

0501200048-7/2003-DR/RJ
Elsevier Editora Ltda

....CORREIOS....

ELSEVIER

SAC | 0800 026 53 40
ELSEVIER | sac@elsevier.com.br

CARTÃO RESPOSTA

Não é necessário selar

O SELO SERÁ PAGO POR
Elsevier Editora Ltda

20299-999 - Rio de Janeiro - RJ

**Acreditamos que sua resposta nos ajuda a aperfeiçoar continuamente nosso trabalho para atendê-lo(la) melhor e aos outros leitores.
Por favor, preencha o formulário abaixo e envie pelos correios.
Agradecemos sua colaboração.**

Seu Nome: _____

Sexo: ☐ Feminino ☐ Masculino   CPF: _____

Endereço: _____

E-mail: _____

Curso ou Profissão: _____

Ano/Período em que estuda: _____

Livro adquirido e autor: _____

Como ficou conhecendo este livro?

☐ Mala direta   ☐ E-mail da Elsevier
☐ Recomendação de amigo   ☐ Anúncio (onde?) _____
☐ Recomendação de seu professor?
☐ Site (qual?) _____   ☐ Resenha jornal ou revista
☐ Evento (qual?) _____   ☐ Outro (qual?) _____

Onde costuma comprar livros?

☐ Internet (qual site?) _____
☐ Livrarias ☐ Feiras e eventos ☐ Mala direta

☐ Quero receber informações e ofertas especiais sobre livros da Elsevier e Parceiros

Qual(is) o(s) conteúdo(s) de seu interesse?

Jurídico - ☐ Livros Profissionais ☐ Livros Universitários ☐ OAB ☐ Teoria Geral e Filosofia do Direito

Educação & Referência - ☐ Comportamento ☐ Desenvolvimento Sustentável ☐ Dicionários e Enciclopédias ☐ Divulgação Científica ☐ Educação Familiar ☐ Finanças Pessoais ☐ Idiomas ☐ Interesse Geral ☐ Motivação ☐ Qualidade de Vida ☐ Sociedade e Política

Negócios - ☐ Administração/Gestão Empresarial ☐ Biografias ☐ Carreira e Liderança Empresariais ☐ E-Business ☐ Estratégia ☐ Light Business ☐ Marketing/Vendas ☐ RH/Gestão de Pessoas ☐ Tecnologia

Concursos - ☐ Administração Pública e Orçamento ☐ Ciências ☐ Contabilidade ☐ Dicas e Técnicas de Estudo ☐ Informática ☐ Jurídico Exatas ☐ Língua Estrangeira ☐ Língua Portuguesa ☐ Outros

Universitário - ☐ Administração ☐ Ciências Políticas ☐ Computação ☐ Comunicação ☐ Economia ☐ Engenharia ☐ Estatística ☐ Finanças ☐ Física ☐ História ☐ Psicologia ☐ Relações Internacionais ☐ Turismo

Áreas da Saúde - ☐ Anestesia ☐ Bioética ☐ Cardiologia ☐ Ciências Básicas ☐ Cirurgia ☐ Cirurgia Plástica ☐ Cirurgia Vascular e Endovascular ☐ Dermatologia ☐ Ecocardiologia ☐ Eletrocardiologia ☐ Emergência ☐ Enfermagem ☐ Fisioterapia ☐ Genética Médica ☐ Ginecologia e Obstetrícia ☐ Imunologia Clínica ☐ Medicina Baseada em Evidências ☐ Neurologia ☐ Odontologia ☐ Oftalmologia ☐ Ortopedia ☐ Pediatria ☐ Radiologia ☐ Terapia Intensiva ☐ Urologia ☐ Veterinária

Outras Áreas - _____

Tem algum comentário sobre este livro que deseja compartilhar conosco?

_____

* A informação que você está fornecendo será usada apenas pela Elsevier e não será vendida, alugada ou distribuída por terceiros sem permissão preliminar.
* Para obter mais informações sobre nossos catálogos e livros por favor acesse **www.elsevier.com.br** ou ligue para **0800 026 53 40.**

Sistema CTcP,
impressão e acabamento
executados no parque gráfico da
Editora Santuário
www.editorasantuario.com.br - Aparecida-SP